IMMORTAL
MORTALS
The
Treasures
of
Sanxingdui

上海大学博物馆 编

三星堆
人与神的世界

上海大学出版社

# "三星堆：人与神的世界"
## 展览工作组

| | |
|---|---|
| 总 策 划 | 段 勇 |
| 策 展 人 | 李明斌　马 琳 |
| 执 行 策 展 | 梅海涛 |
| 学 术 支 持 | 朱亚蓉　魏 敏　余 健　阮 竣　郭 新<br>李谦升 |
| 形 式 设 计 | 于 群 |
| 参 展 艺 术 家 | 柴文涛　黄赛峰　老 羊　梁海声　刘 玥<br>宋 刚　吴 松 |
| 安 防 指 导 | 张 弩 |
| 前 期 协 调 | 郭 骥 |
| 展 品 组 织 | 刘 毓　刘 柯　张 欣 |
| 宣 传 社 教 | 曹 默　李信之　牛梦沉 |
| 布（撤）展 | 邹 鹏　谭本均 |
| 策 展 实 习 | 杜 越　顾梦岚　胡海洋　黄 倩　李 姿<br>王刘苏粤　王秀玉　于佳明 |

# 《三星堆：人与神的世界》
## 编辑委员会

| | |
|---|---|
| 总 策 划 | 段 勇 |
| 主 编 | 李明斌　马 琳 |
| 副 主 编 | 梅海涛　李信之 |
| 设 计 负 责 | 于 群 |
| 供 图 | 四川广汉三星堆博物馆　成都金沙遗址博物馆 |
| 校 对 | 郭 骥　张 欣　曹 默　牛梦沉 |

"三星堆：人与神的世界"特展
荣获 2020 年度上海市博物馆陈列展览

# 精品推介

# 序一

四川盆地物华天宝、人杰地灵，早在3000多年前就孕育出灿烂辉煌的古蜀文明。三星堆遗址出土大量气势磅礴、威严神圣且带有强烈地域特色的青铜器、金器、玉石器、陶器、卜甲、象牙等精美文物，品类赅备而内涵深邃，不仅向人们呈现出一个文华斑斓无限精彩的古蜀王国，也令观众由此产生了许多疑问：位置偏僻、交通不便的三星堆何以在遥远的古代产生了如此先进的青铜文明？三星堆文明与中华文明的关系是怎样的？为何其中有些文物与南亚、西亚、北非的古代文明有相似之处？

事实上，关于四川地区偏僻闭塞、交通不便的印象主要是在秦汉大一统帝国内部被边缘化以后形成的，而从史前时期广域交通角度看，古蜀地区并不算偏僻，反而处在几条重要交通线的交汇处。一是位于与远古人类走出非洲经西亚、中亚、南亚迁徙至东亚的路线高度一致的、后来成为"南方丝绸之路"的东端，二是位于宜农宜居的所谓"神秘北纬30度"上，三是与中部"沙漠—绿洲丝绸之路"有甘青走廊连接，四是通过长江水道与其他地区沟通。利于人口迁徙、贸易往来、文化交流的区位条件，使得三星堆不仅成为较为发达的区域文明中心，更是成为重要的文明交汇点。三星堆遗址出土的不少青铜器，都是在中原风格青铜器基础上再"加工"改造，增添本地特色，形成一种奇异的组合风格。三星堆遗址出土的玉器，或是在良渚玉器上增加本地文化内涵（如神树纹），或是在使用功能上赋予中原风格玉器新的内涵并对外传播（如牙璋）。三星堆遗址新发现祭祀器物坑中均发现的丝织品残痕，更是与青铜大立人的华丽服饰图案、蜀人嫘祖发明养蚕缫丝的传说、印度神话中湿婆喜爱的丝绸、大禹治水号令诸侯巴蜀执玉帛前往的传说、沙漠绿洲丝绸之路开通前埃及古墓中的丝绸头巾遗存、汉武帝时张骞"凿空"西域却在大夏见到经天竺贩运过去的蜀布的记载、新疆尼雅出土"五星出东方利中国"蜀锦护膊、成都老官山汉墓出土的织机模型等一道，直观地证明了古蜀丝绸生产与贸易、古代人类文明交流与融合的历史。

经过几代考古人的努力，三星堆遗址的轮廓逐渐清晰，尤其是2020年启动的三星堆新发现祭祀器物坑考古发掘工作，更是进一步展现了古蜀文明作为从"满天星斗"到"重瓣花朵"的中华文明组成部分的重要地位。从已知文物形态来看，三星堆的文化面貌，大约40%是由古蜀本土文明发生发展演变而来，40%是受中原和长江中下游其他文明的影响，20%可能与西亚、北非、南亚有联系，它既是中华文明多元一体的重要象征，同时也是人类古代文明交流融合的典型例证，还有太多的问题等待我们去进一步发掘、阐释。

时光荏苒，沧海桑田，往事越千年。如今，同处长江流域的上海已经发展成为我国最重要的国际经济、贸易、文化中心，而以上海这座城市命名的上海大学也接过了先辈手中的"接力棒"，有幸与兄弟文博单位一起，深度参与到三星堆遗址的考古、文保、展览工作当中。上海大学徐斐宏老师担任新发现三号坑的发掘现场负责人，带领上海大学十几名研究生先后助力三星堆考古发掘；罗宏杰老师发明的"考古现场脆弱性文物临时固型提取及其保护技术"获得2019年国家科技进步奖二等奖，被运用于三星堆祭祀坑出土象牙的提取保护；历史系2020级博士研究生梅海涛提出的在我校博物馆举办的"三星堆：人与神的世界"特展中将三星堆古代文物与当代艺术作品对话的策展思路，丰富了三星堆文物阐释维度。考古发掘、文物保护与陈列展览这三驾马车，成为拉动上海大学与四川文博事业共同发展的强劲动力，也造就了沪川两地文博合作的佳话。

言有尽而意无穷。真诚感谢四川省文物局和四川省文物考古研究院、广汉三星堆博物馆的深情厚谊、大力支持，衷心祝愿上海大学与四川文博界的交流合作如浩浩长江，源远流长，奔腾不息，一浪高过一浪。

段勇

上海大学党委副书记

# 序二

三星堆，古蜀文明的典型遗址。越来越多的考古发现和研究表明，三星堆文明作为中华文明的重要组成部分，与黄河流域、长江中下游地区早期文明联系紧密，是长江上游地区先秦时期文明成就的杰出代表，实证中华文明起源"多元一体"，是"满天星斗"西南方向最璀璨、最神秘的星辰，在中华文明乃至世界文明发展史上占有重要地位。

上海大学是国内较早创办考古文博学科的高校之一，多位知名考古学者执教上海大学，筚路蓝缕，为上海大学考古文博学科发展点燃薪火。近年来，上海大学考古文保进步迅速，聚集了一批有思想、有行动的中青年学者，积极参与国内重要考古发现和文物保护，成效明显，广受学界关注。

在上海大学和四川省文物局领导大力支持下，承蒙四川广汉三星堆博物馆和成都金沙遗址博物馆负责人慷慨应允，"三星堆：人与神的世界"特展在上海大学博物馆成功举办。此展是具有世界级影响力的三星堆文物首次以专题展形式走进高校，对于促进高校博物馆专业化和高质量可持续发展，对于正在成长中的上海大学博物馆，均具有重要的长远意义。

概言之，本次特展还有以下几个特点，值得特别记载：

第一，这是一次从长江头到长江尾，从巴山蜀水到江南水乡，跨越千里的又一次友好握手，是上海大学和四川省文物局签署全面友好合作协议后首个落地的工作项目，是合作双方秉承历史基因，推动两地在新时期继续全方面合作的良好开端。

第二，本特展由上海大学博物馆同事和上海大学文物与博物馆学在读博士研究生及专业硕士研究生全程深入参与展览的策划和实施各重点环节，是一次致力于"小体量、高品质"教学策展实践课程的成功案例，是上海大学文博学生就读期间校内实习的策展成果。借由本次策展实践，将开启上海大学博物馆在充分结合教学实践，体现高校博物馆功能的关键发展方向上的探索之路。

第三，本展策划既尊重客观条件，又荣幸地借展到高占比珍贵文物，成功地用少而精的展品阐释古蜀文明。为实现此学术目标，展览得到学校领导最大支持，安排预算购置专业展柜和照明设备，使古蜀文明代表性展品的历史艺术之美得以惊艳呈现。

我们有理由期待，因"三星堆：人与神的世界"特展而开启的、与基于重大考古发现而兴建的三星堆博物馆、金沙遗址博物馆的合作之门，能助力更多年轻人爱上考古，成长为新时代的考古"新青年"。

李明斌

上海大学博物馆馆长

上海大学特聘教授

# 序三

远古时期，人类对世界充满了困惑与恐惧，人们无法解释世事变迁，也无从抵御自然侵袭，于是将万物赋予灵魂，当作"神"来崇拜。"神"是人类对天地万物变迁的解释，也是人类认识世界的方式。在"神"的光辉笼罩下，人成为文化状态下的人。崇拜神是自然状态下的人和文化状态下的人的一大分野，"神"的出现，是人类从蒙昧走向文明的开始，世界上的任何一个民族都无一例外地经历了这个"人神共舞"的历史阶段。

美丽富饶的成都平原，沃野千里，钟灵毓秀，素有"天府之国"的美誉。早在先秦时期，这里就曾是古蜀王国的中心。古蜀历史因为缺乏史籍的记载，一直扑朔迷离，难辨真伪。半个多世纪以来，为廓清古蜀史迷雾，几代四川考古学人坚持不懈地努力，取得了突破性进展，尤其是三星堆遗址和金沙遗址的重大考古发现，揭开了古蜀王国的神秘面纱，充分证明古蜀文化是中国古代区系文化中具有显著地域政治特征和鲜明文化特色的典型代表，以成都平原为重心的巴蜀地区是长江上游古代文明中心和中华文明的重要起源地之一。

三星堆遗址是商周时期古蜀国的都城遗址，遗址面积宏大、遗迹丰富，遗址发现 90 余年来出土了大量珍贵文物，尤其是 1986 年两个大型祭祀坑的发现，大批古蜀秘宝横空出世，震惊天下，被誉为 20 世纪最伟大的考古发现之一。三星堆文物形式多样，造型独特、内涵丰富，具有浓郁的古蜀地方特色和神秘的宗教文化色彩。以神秘诡谲的青铜雕像为代表的青铜器群，以流光溢彩的金杖为代表的金器群，以雅洁冷峭的玉璋为代表的玉石器群……代表了古蜀文明的最高成就，体现了古蜀先民丰富的想象力、高超的艺术创造力，反映了古蜀独特的宗教信仰和社会形态，对研究早期文明进程及宗教意识的发展具有重要价值。

三星堆文物中所包含的诸多外来文化因素，又充分反映了三星堆文化的开放性和包容性。古蜀先民在接纳来自中原和长江中下游等地区的文明成果的同时，又结合自身的精神信仰、生活传统和审美趣味，从而创造性地发展出了独具特色的古蜀青铜文明。可以说，三星堆是中华文明多元性、丰富性和多元一体起源的杰出代表。

本次在上海大学博物馆举办的"三星堆：人与神的世界"特展，是三星堆文物首次走进高校，也是同饮一江水的长江上游与长江下游地区文博领域的一次精诚合作与交流！本展旨在通过三星堆文物精品的展示，反映古蜀人的信仰、礼仪及艺术，揭示古蜀文明的丰富内涵与特色魅力。展览的举办对于宣传古蜀历史、弘扬中国优秀历史文化意义深远，也必将开启三星堆博物馆与上海大学更广泛深入的合作。

朱亚蓉

三星堆博物馆副馆长

# 目录
Catalogue

## 神

- 004 一醒惊天下
- 014 人间神国
  - 蚕丛纵目与眼睛崇拜
  - 手崇拜
- 048 以玉事神
  - 祭山之璋
  - 礼天之璧
- 064 万物有灵
  - 虎崇拜
  - 鸟崇拜
- 090 文明的延续——从三星堆到金沙

## 人

- 100 对话
- 118 社区
- 126 活动
- 132 新发现

## 文论

- 145 三星堆青铜文明
  ——华夏文明发展中创造性的天才杰作
  ※ 唐飞
- 151 再说三星堆遗址祭祀坑
  ※ 陈显丹
- 156 三星堆遗址器物坑
  ※ 许杰
- 172 考古进行时
  ——三星堆遗址三号祭祀坑新观察
  ※ 李明斌
- 182 博物馆与社区参与研究
  ——以"三星堆：人与神的世界"特展进陆家嘴东昌新村社区展为例
  ※ 马琳
- 186 策展札记
  ——以陈列展览为抓手探索高校博物馆发展之道
  ※ 梅海涛

## 附录

- 194 一、"三星堆：人与神的世界"特展展出文物清单
- 196 二、"三星堆：人与神的世界"特展展出当代艺术品清单
- 197 后记
- 200 "三星堆：人与神的世界"特展大事记

# 神
GODS

　　蜀水巴山，钟灵毓秀。以成都平原为重心的巴蜀地区，是长江上游古代文明中心和中华文明的重要起源地之一。曾经许多年，古蜀邈远厚重的历史为神话传说的恢诞谲怪之词和方志笔记的只言片语所遮蔽，无怪乎唐代大诗人李白亦发出"蜀道之难，难于上青天……蚕丛及鱼凫，开国何茫然"的喟叹。千载沧桑，风涛涤荡，神秘古蜀史犹玉垒云障，令人难辨其真。

　　20世纪以来，随着三星堆遗址，特别是1986年夏一、二号大型商代祭祀坑的相继发现，大量气势磅礴、威严神圣且带有强烈地域特色的青铜器、金器、玉石器、陶器、象牙等精美文物出土，营构出四川古代先民独特的生存意象与瑰丽奇幻的精神世界，以及这个族群非凡的艺术想象力与惊人的创造力。

　　1997年，三星堆遗址仁胜村地点出土了一批玉锥形器，其形制、风格与江浙一带新石器时期良渚文化墓葬中所出土的玉锥形器极为相似，说明了成都平原和长江中下游地区很早就有了文化联系。今天，神秘的三星堆文化再次顺江而下，来到长江下游的上海，与观众相会于上海大学博物馆，带领人们去探索三星堆文明的奥秘，探索那"人与神的世界"。

Being endowed with mountains and rivers, the Ba-Shu area abounds in talent. With the Chengdu Plain being an important part, the Ba-Shu area was the center of ancient civilization on upstream Yangtze River as well as one of the birthplaces of Chinese civilization.

For many years, the profound history of ancient Shu was obscured by the strange words of myths and legends, and reduced to a few words of local chronicles. No wonder Li Bai, a great poet of the Tang Dynasty, also sighed that "The road to Shu is harder than to climb to the sky. The two pioneers Can Cong and Yu Fu put the kingdom in order." Thousands of years of vicissitudes and its geographical inaccessibility make the history of ancient Shu mysterious, and it is difficult to distinguish its truth.

The archaeological discoveries at the Sanxingdui Site in the twentieth century, and the large Shang Dynasty sacrificial pits No. 1 and No. 2 in summer 1986 have brought to light a large number of exquisite cultural relics such as the magnificent, and awe-inspiring bronze ware, gold vessels, jade, pottery, and ivory with distinct regional features. These artifacts conjure up the unique survival images and fantastic spiritual world of the ancient ancestors of Sichuan, as well as their exceptional artistic imagination and amazing creativity.

In 1997, a batch of jade cones were unearthed at Rensheng village in Sanxingdui. Their shape and style are very similar to those unearthed in tombs at the Liangzhu Archaeological Site of the Neolithic period in Jiangsu and Zhejiang, pointing to early cultural ties between the Chengdu Plain and the middle and lower reaches of the Yangtze River. Today, the mysterious Sanxingdui culture once again travels downstream to Shanghai in the lower reaches of the Yangtze River and meets the audience at the Museum of Shanghai University. It will guide people to explore the mystic Sanxingdui civilization and "the world of man and Gods."

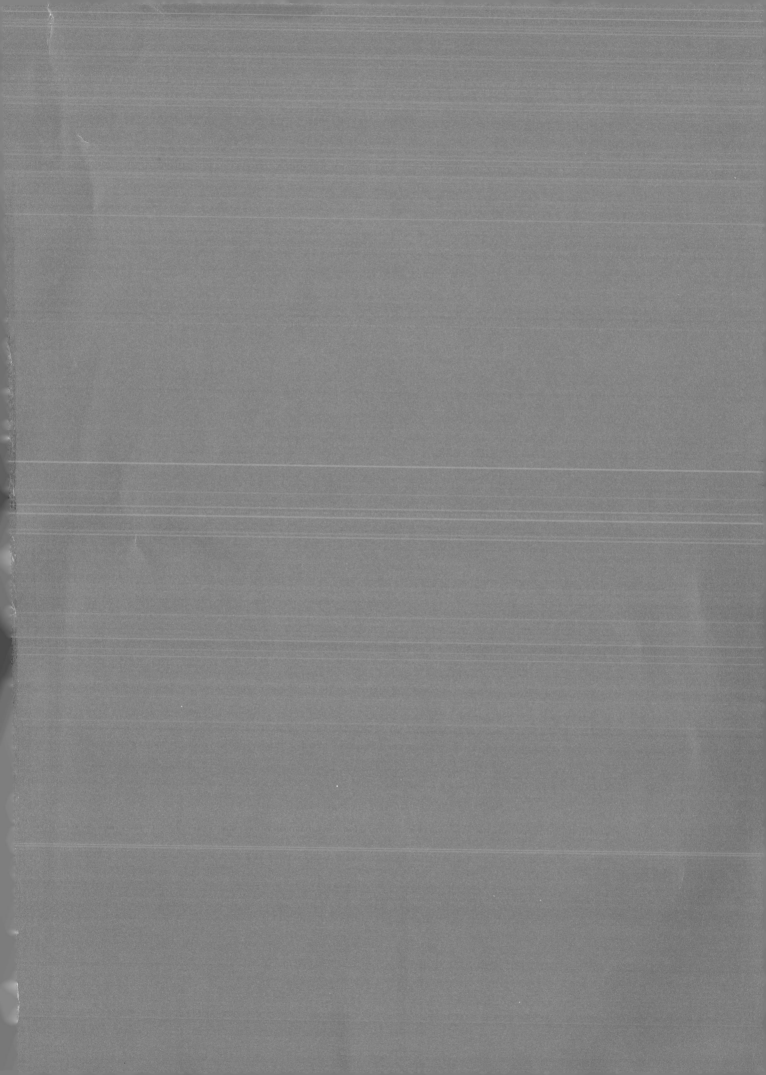

# 一醒惊天下

EARTHSHAKING

DISCOVERIES

三星堆遗址最早被人们发现是在1929年，但真正令人知晓是20世纪80年代两个祭祀坑的发现与发掘，大批珍贵文物出土，叹为观止，被誉为"20世纪人类最伟大的考古发现之一"。经过几代考古人接续奋斗，三星堆遗址考古工作取得了重大成就，延伸了历史轴线，增强了历史信度，丰富了历史内涵，活化了历史场景，展示了中华文明起源和发展的历史脉络，展示了中华文明的灿烂成就，展示了中华文明对世界文明的重大贡献。它的发现和认知过程，既是几代考古学家锲而不舍的追求，又极具传奇色彩。

The Sanxingdui Ruins Site was first discovered in 1929. However, it was not until the 1980s when two sacrificial pits were found and excavated that the cultural heritage site became well-known. A large number of precious cultural relics were unearthed, which is regarded as "one of the greatest archaeological discoveries of mankind in the 20th century." After several generations of continuous endeavors at Sanxingdui Ruins Site, the archaeologists have achieved a great success in extending the historical axis, enhancing the historical reliability and enriching the historical connotation. They have brought to life the historical scenes, displayed the historical context of the origin and development of Chinese civilization, showcased the brilliant achievements of Chinese civilization, and demonstrated the great contribution of Chinese civilization to world civilization. Legendary in itself, its discovery and cognitive process is attributable to the hard working and perseverant archaeologists.

# 初起波澜
## 早期发现与发掘
Early archaeological discoveries

—— 1 9 2 9 ——

1929年春，广汉中兴乡（今南兴乡）农民燕道诚在马牧河北岸一处被称为月亮湾的牙形台地上清理水沟时偶然挖出一批玉石器，总数达400余件，搬至家中，秘藏不宣。

—— 1 9 3 4 ——

1934年，葛维汉、林名均等在真武村燕家院子附近清理玉石器坑，并在燕家院子东、西两侧开探沟发掘。此次发掘开启了古蜀文明考古工作者与研究者们漫长而坚韧的探索之旅。

1929年三星堆遗址月亮湾燕家宅旁出土玉器

1934年葛维汉与发掘人员合影

燕道诚全家福

1934年三星堆月亮湾发掘现场

# 石破天惊
## 古蜀中心都邑的确认
Confirmation of ancient Shu center

### 1963

1963年，四川大学历史系、四川省博物馆考古队在冯汉骥教授的带领下再次发掘月亮湾遗址。此次发掘清理出了3组房址、6座墓葬，出土陶片3万多片。冯汉骥先生曾站在月亮湾台地，遥指对面的三星堆说："这一带遗址如此密集，很可能就是古代蜀国的一个中心都邑。"

### 1980—1981

1980年5月，四川省文物管理委员会考古队在三星堆的东侧试掘，开探方5个。同年11月至1981年5月，又对三星堆中部的东侧进行发掘，发现房屋遗迹18座、灰坑3座及墓葬4座，出土玉石器110多件、陶器70余件。

1963年发掘现场

1980年三星堆砖瓦厂取土现场

1963年冯汉骥在考古现场

1981年航拍的房屋居住遗迹照

# 石破天惊
## 古蜀中心都邑的确认
Confirmation of ancient Shu center

### 1986（3—6）

1986年3—6月，四川省文物管理委员会和四川大学联合发掘三星堆遗址，共开探方59个。这是历年来最大规模的发掘，文化层堆积厚达2.5米，地层关系明确，出土文物近2000件。

### 1986（7—9）

1986年7—9月，发掘了举世闻名的三星堆遗址祭祀坑。两个祭祀坑出土了近1000件青铜器、600余件玉器以及十分罕见的金器，还有大量的象牙、海贝及烧骨碎渣，震撼了学界。自此，三星堆遗址才广受关注，吸引着越来越多的目光。

1986年发掘前的开工典礼

1986年三星堆遗址发掘现场

一、二号祭祀坑

二号祭祀坑清理现场

二号祭祀坑大青铜立人像出土现场

二号祭祀坑纵目人像出土现场

# 古城再现
## 王城的发现与发掘
Excavation of ancient cities

―― 1 9 8 8 ――

1988年，四川省文物管理委员会、四川省文物考古研究所对三星堆土埂进行试掘，确定土埂为内城墙的南墙。

―― 1 9 9 4 ――

1994年9月，考古工作者发现及发掘南城墙，重新确定古城区范围在3平方千米以上。

1988年三星堆西段东面

1994年南城墙发掘现场

―― 1 9 9 0 ――

1990年1月，考古工作者在东城墙发现土坯，首次了解了三星堆古城墙的结构、夯筑方法和年代。

东城墙南段

东城墙土坯砖照

## 1998

1998年，在三星堆古城西城墙外的仁胜村，考古人员发掘了一处墓地，系首次在三星堆遗址发现成片分布的公共墓地，也是首次在古城外发现重要遗址。

仁胜村发掘照01

仁胜村发掘照02

## 2011—2015

2011—2015年，四川省文物考古研究院陆续在三星堆遗址北部新发现5道城墙，分别为真武宫城墙、仓包包城墙、青关山城墙、马屁股城墙和李家院子城墙，并于青关山发现大型宫殿建筑遗迹。

青关山大型宫殿建筑遗迹

青关山城墙

# 人间神国

THE KINGDOM

OF GODS

如果把青铜器看作是古代宗教活动的道具的话，那么三星堆宗教信仰的表现形式与中原地区最大的区别就在于直接铸造神灵的偶像来进行供奉和祭祀，它们既是神灵的象征，又是人间统治集团的代表。研究表明，三星堆青铜面具或人像是镶嵌在木质或泥质的身躯或建筑物上使用，且不论是配以其他材质的身躯陈设在庙堂中还是被镶嵌在宗庙或神庙的建筑物上，其在宗教活动中应主要是用于祈祷。而偶像身上超比例的眼睛和手则是古蜀人由对偶像崇拜所衍生出来的眼睛崇拜和手崇拜。

If bronze ware is regarded as a prop of ancient religious activities, the biggest difference between the expression form of Sanxingdui religious belief and that of the Central Plains lies in the direct casting of gods, images for worship and sacrifice. They are not only the symbol of gods, but also the representative of the ruling clique on the earth. Research shows that Sanxingdui bronze masks or human statues are inlaid on wooden or mud bodies or buildings. Whether they are cast in bodies of other materials in temples or inlaid on the buildings of ancestral shrines or temples, they are mainly used for prayer in religious activities. The disproportionate eyes and hands of statues are the eye worship and hand worship derived from the idolatry of ancient Shu people.

# 蚕丛纵目与眼睛崇拜

Bronze crested mask with protruding eyes

在三星堆遗址出土的众多青铜面具中，造型最具特色的要数青铜纵目面具。目前学界对于"纵目"的解释主要有三种：第一种观点认为这是夸张的眼球，其与伸长的大耳表示视听上的超能力；第二种观点认为它是古代蜀王蚕丛的形象；第三种观点认为这是一个人神合一的艺术再现。蚕丛纵目，上古也有一个"纵目"之神烛龙，它是古蜀人信仰的祖宗神图腾。同时，三星堆遗址还出有数十对"眼形铜饰件"，包括菱形、勾云形、圆泡形等多种形式，周边均有榫孔，可以单独悬挂，体现了对眼睛的特有的尊重。此外，眼睛纹也常常作为主题纹饰出现在重要图案的中心部分。

面具双眼眼球呈柱状外凸，向前伸出约10厘米，双耳向两侧充分展开，额铸高约70厘米的夔龙形额饰。该面具出土时，尚见眼、眉描黛色，口唇涂朱砂。其整体造型意象神秘诡谲，风格雄奇华美，在三星堆各类人物形象中颇显突出。学者普遍认为，面具的眼睛大致符合史书中有关蜀人始祖蚕丛"纵目"的记载，其形象可能是祖先神造像。亦有认为"纵目"应是"竖眼"之意，即如中国古代神话人物二郎神额中的眼睛。或联系夔龙形额饰的造型，认为它与神话中"人首龙（蛇）身""直目正乘"的天神烛龙有关。

## 铜戴冠纵目面具

长 77.4 厘米
宽 55 厘米
高 82.5 厘米
面具高 31.5 厘米

Bronze Crested Mask with Protruding Eyes

Length 77.4cm
Width 55cm
Height 82.5cm
Height of the Mask 31.5cm

## 铜人面具

—

长 42.5 厘米
宽 26 厘米
高 25.9 厘米

Bronze Mask

—

Length 42.5cm
Width 26cm
Height 25.9cm

三星堆遗址出土的面具两侧上下均有一铸造后凿出的方穿孔，多数还在额正中也凿出方穿孔。其方法是先作出方框，然后凿穿。有的面具的方孔尚未凿穿，但整痕和凿击的凹痕清晰可见，其目的或是在面具上安装其他附件，或者是将面具装配在神像上时穿孔以便固定。

该面具呈"U"形，宽颐广额，棱角分明，眼、眉、鼻、颧骨皆突出于面部，粗长眉作扬起状。面具两侧上下及额部正中有方形穿孔。

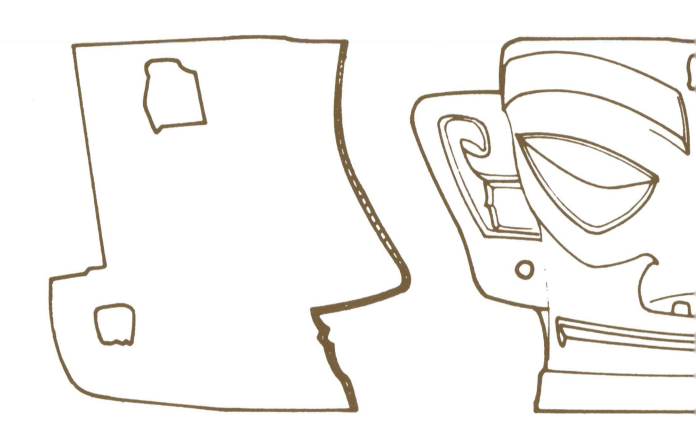

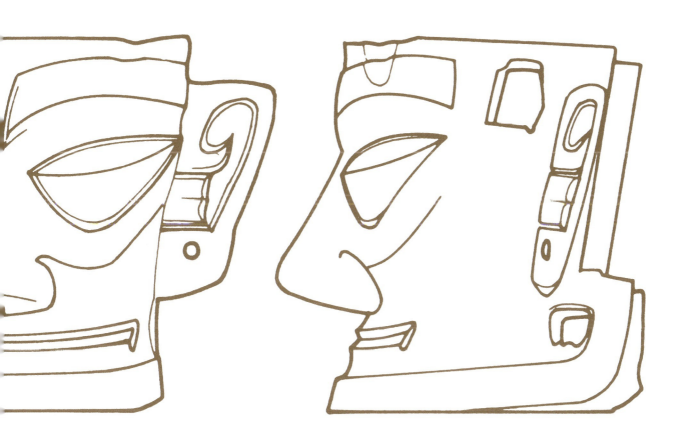

该眼形器的器形为完整的菱形。眼形器整器四周为直边，呈斜坡形。中部眼球呈圆形凸起，周围下凹，使"眼球"显出"纵目"的视觉效果。其左右眼角处各起棱脊，布列于眼形器四角的小圆孔即是起安装固定作用的。

## 铜眼形器

长 57.5 厘米
宽 24 厘米
高 5.7 厘米
厚 0.25 厘米

### Eye-shaped Bronze

Length 57.5cm
Width 24cm
Height 5.7cm
Thickness 0.25cm

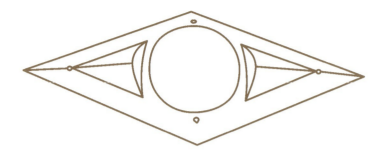

等腰三角形眼形器
Isosceles triangle eye-shaped bronze

三星堆遗址出土的眼形器共有三类，除菱形眼形器外，还有等腰三角形眼形器和直角三角形眼形器。

等腰三角形眼形器两器一组，拼合则构成为菱形眼形器。其形制为菱形眼形器沿长轴方向剖开的二分之一，呈钝角三角形。周边斜平，中部凸起的眼球呈半球状，拼合后形成完整的眼球形状。

直角三角形眼形器
Right triangle eye-shaped bronze

直角三角形眼形器为四件一组，拼合为菱形眼形器。器形为菱形眼形器沿纵、横轴对剖后的四分之一，略呈直角三角形。四个单件合拢后，其间形成纵、横不同走向的"V"形沟槽。

1986年三星堆遗址发现的两个祭祀坑共出土铜人头像50多件，目前的研究认为可能代表着古蜀王国的群巫集团，身份特殊，在祭祀仪式中往往扮演着沟通神灵的角色。同时，他们又是古蜀国统治阶层的象征。

## 铜人头像

—

长 18.8 厘米
宽 15.8 厘米
高 39.5 厘米

Bronze Head Statue

—

Length 18.8cm
Width 15.8cm
Height 39.5cm

该头像为平头顶铜人头像，面部方颐，粗眉，立眼，蒜头鼻，阔口，大耳，耳垂穿孔，颈较粗，前后呈倒尖角形。头顶部编发，头发向后披，发辫垂于脑后，上端扎束。

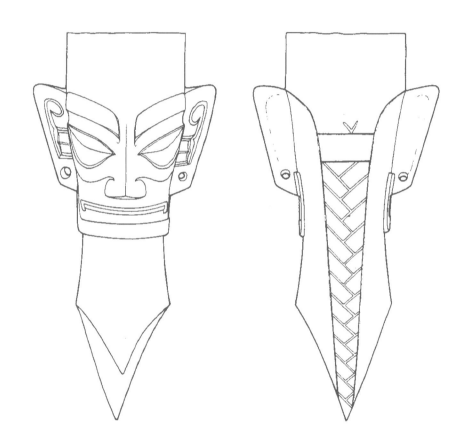

该头像属圆顶金面罩铜人头像。从铜像面部的凹线轮廓看，似面部本身已铸出蒙至头顶、仅留顶心的连体铜面罩。金面罩则系附粘在此面罩上的。这件铜人头像的金面罩极薄，仅存右额及左脸部分。在珍贵的青铜人头像外再粘贴金面罩，说明古蜀人对黄金的崇尚。

## 戴金面罩青铜人头像

高 51.6 厘米
长 23 厘米
宽 19.6 厘米
头纵横径 17.6 厘米 ×15 厘米

Bronze Head with a Gold Mask

Length 51.6cm
Width 23cm
Height 19.6cm
Dimensions of the head 17.6cm×15cm

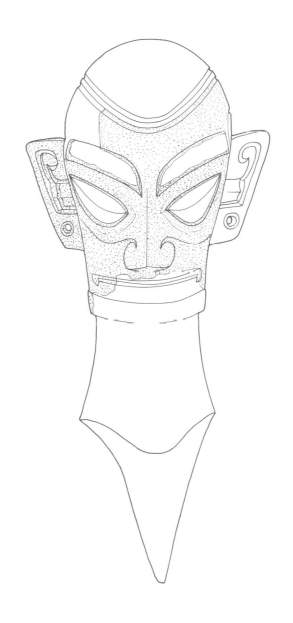

三星堆遗址共出土四件戴金面罩人头像，人头像作为常设于神庙中的祭祀神像，在其面部贴金，其目的并非仅仅为了美观，而应与祭祀内容和对象有关，更显出其身份的高贵与祀神活动的隆重。

戴金面罩青铜人头像

戴金面罩青铜人头像

戴金面罩青铜人头像

# 手崇拜

Hand worship

三星堆遗址出土的青铜人像特意强调了对手的夸大。手的塑造不仅大大超过人体比例，而且展现于明显的位置上，手中执物或作手势，有些人手还连接在龙身龙爪之上。这种手崇拜的现象，反映了三星堆人对人手创造力的认识和追求，这些巨手被赋予了某种"神力"而成为通天娱神的手段，各种各样的手势和手中的神器被用于祭祀活动，成为神圣的宗教仪式的组成部分。

## 铜兽首冠人像

高 40.2 厘米
长 23.3 厘米
宽 20 厘米

Bronze Statue with Beast-head Helmet

Length 40.2cm
Width 23.3cm
Height 20cm

人像仅存上半身，人像体态端庄，神情冷峻肃穆，两臂呈环抱状构势于胸前，双手皆作执握中空的手型。其所穿对襟衣纹饰精丽，且腰间系带插觿，整个构型和服饰符号元素的运用均力图表现人像的威武气质和着装的神秘华丽。

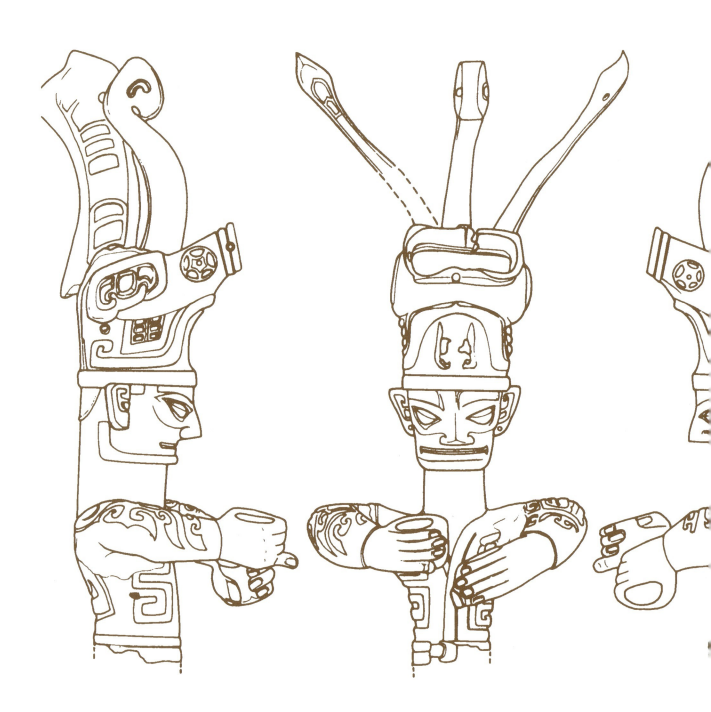

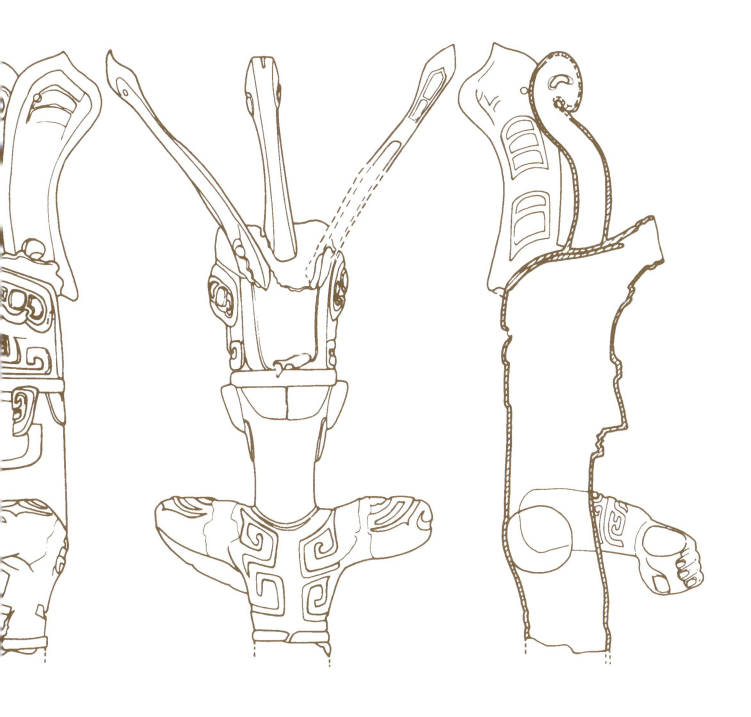

对手部的放大是三星堆青铜人像的共同特点，这一点在青铜立人像中表现得尤为突出。人像高180厘米（冠顶至足底），通高260.8厘米，双手环握中空，拳外侧直径约20厘米，比正常比例高出一倍左右；拳内心为圆圈状，直径12厘米，大约为实际手握空拳时内径的两倍。学者普遍认为立人像手中握有祭祀活动使用的仪杖之类的神器，因非铜质，已毁坏不存，也有的学者认为立人像手中并未握物，而是作某种特定手势。

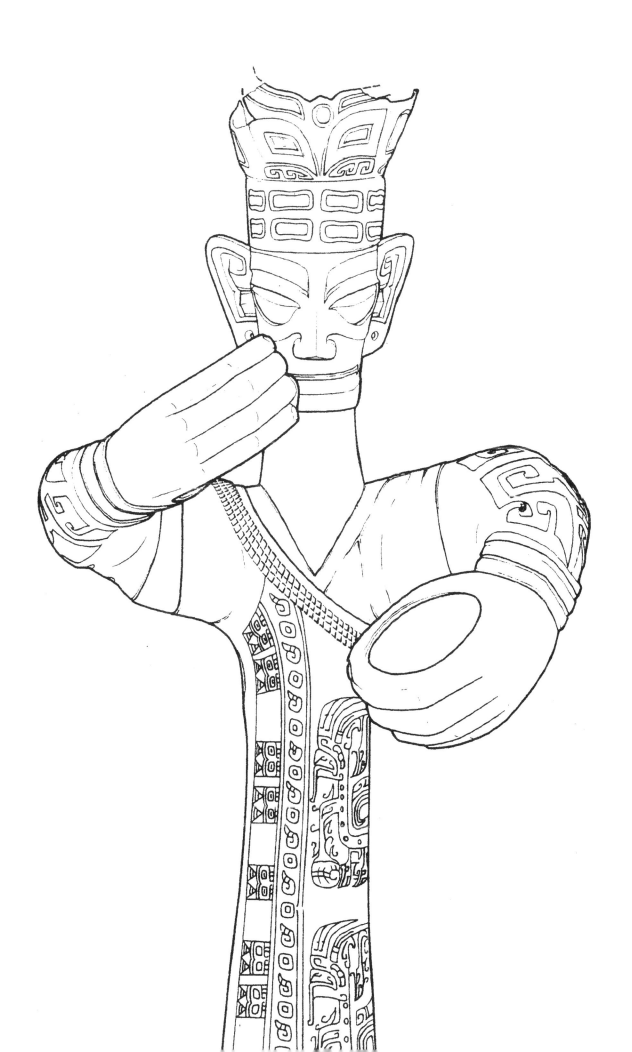

青铜立人像
Bronze statue

# 铜顶尊跪坐人像

—

高 15.8 厘米
底座直径 10 厘米

## Bronze Kneeling Statue with a Zun on Top of the Head

—

Height 15.8cm
Base diameter 10cm

此器由山形座和跪坐顶尊人像两部分组成，山形座座腰上铸饰扉棱，座上有婉曲朴雅的镂空花纹。人像上身裸露，乳头突出，下身着裙，腰间系带，带两端结纽于胸前，纽中插物。人像头顶一带盖铜尊，双手上举捧护圈足尊腹部。表现的应是古蜀国巫师在神山顶上跪坐顶尊以献祭神天的情景。因其胸部乳头显露突出，因此有观点认为该人像刻画的是古蜀国的女性巫师或女神。

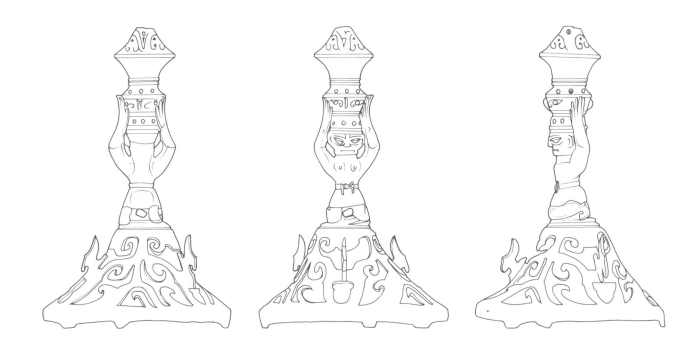

三星堆先民对手的特殊崇拜还见于各类器物之上。虽然这一现象的成因还待进一步发掘与研究，但无论如何，这一双双巨手占有的特殊地位和艺术效果必有其重要的宗教含义。

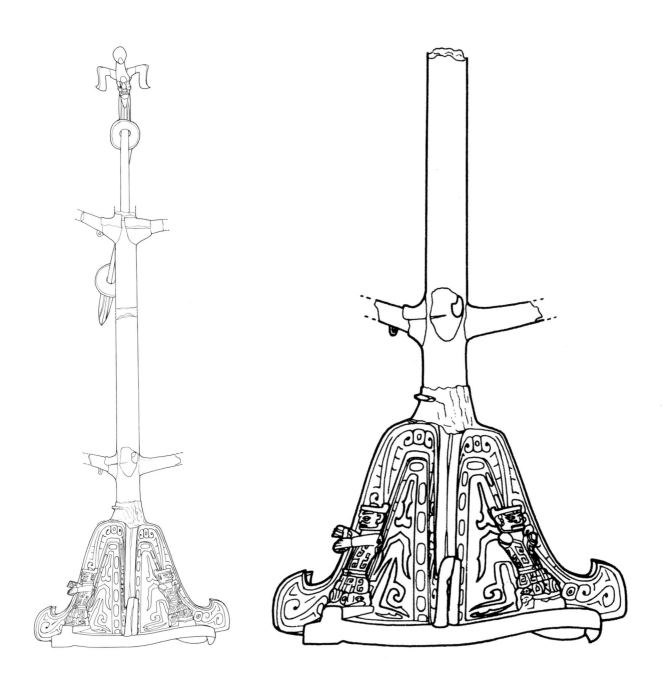

跪祭神树座
Bronze Divine Tree with Kneeling Figure at Base

神树龙身上的人手

以玉事神

COMMUNICATING WITH

GODS THROUGH JADE

《说文》中载:"灵,灵巫也。以玉事神。"三星堆遗址目前出土的玉器数以千计,工艺精湛、制作精美,与三星堆青铜器共同代表了三星堆文明的最高水平。在功能用途上,这些精品玉器几乎都与祭祀活动有关,其中以玉璋和玉璧形器最具特色,是与"神"沟通的道具,正是"以玉事神"的真实写照。

It is stated in *Shuowen (abbreviated from Shuowenjiezi)* that "Spirit is a witch, and jade is used to communicate with Gods." The Sanxingdui jade artifacts, which number several thousands, are exquisite and have superb craftsmanship. Together with Sanxingdui bronze, they represent the pinnacle of Sanxingdui civilization. In terms of function and use, almost all of these fine jade articles have something to do with sacrificial activities. Among them, Jade Zhang and Jade Bi vessels are the most distinctive. They are props employed to communicate with Gods, which is the true portrayal of "using jade to communicate with Gods."

## 第二单元 以玉事神

《说文解字》中载:"灵,灵巫也。以玉事神。"三星堆遗址目前出土的玉器数以千计,工艺精湛、制作精美,与三星堆青铜器共同代表了三星堆文明制器工艺的最高水平,在功能用途上,这些玉石器几乎都与祭祀活动有关,其中以玉璋和玉璧形器最具特色,是与神沟通的道具,正是"以玉事神"的真实写照。

灵,灵巫也。以玉事神
——《说文解字》

牙璋以起军旅,以治兵守。
——《周礼·春官·典瑞》

## 祭山之璋

玉璋的历史最早可追溯至新石器时代。东汉许慎《说文解字》中称："半圭为璋。"根据《周礼》记载，其用途有三：第一类赤璋，用于礼南方之神朱雀；第二类大璋、中璋、边璋，用于天子巡守时祭山；第三类牙璋，作符节器用。三星堆遗址出土的玉璋上刻有玉璋祭山图像，实证了玉璋祭山的功能。

持璋跪坐人像及线图

"璋亦如之，诸侯以聘女。"
《周礼·考工记》

大璋、中璋九寸，边璋七寸，射四寸，天子以巡守。
《周礼·考工记》

玉璋及祭山刻纹线描图

石璋及线图

# 祭山之璋
Sacrificial Zhang

玉璋的历史最早可追溯至新石器时代。东汉许慎《说文解字》中称：“半圭为璋。”根据《周礼》记载，其用途有三：第一类赤璋，用于礼南方之神朱雀；第二类大璋、中璋、边璋，用于天子巡守时祭山；第三类牙璋，作符节器用。三星堆遗址出土的玉璋上刻有玉璋祭山图像，实证了玉璋祭山的功能。

大璋亦如之，诸侯以聘女。——《周礼·考工记》

大璋、中璋九寸，边璋七寸，射四寸，……天子以巡守。——《周·考工记》

璋邸射，以祀山川，以造赠宾客。——《周礼·春官·典瑞》

牙璋以起军旅，以治兵守。——《周礼·春官·典瑞》

该玉璋材质为白云质板岩，黄褐色，射端及射的一侧被火烧后呈灰白色。射残断，经拼接复原。器形较宽大，射细长，中间略厚，两侧较薄，至前端两侧成刃。射本部两侧各有齿饰三组。上组二齿，以下两组各四齿，齿较薄。一圆穿开在两侧齿饰之间，直径1.1厘米，一面管钻。邸长方形，上缘微拱，末端斜抹，两面有切料留下的"台阶"。

## 玉璋
—
长 43.2 厘米
宽 8.9 厘米
厚 0.8 厘米

Jade Zhang
—
Length 43.2cm
Width 8.9cm
Thickness 0.8cm

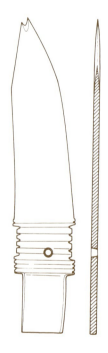

玉璋的祭山功能在三星堆二号祭祀坑出土玉璋的刻纹中得到了印证。这件玉璋是三星堆玉器中最有代表性的文物，器身两面线刻有祭祀图案，表现了庄严隆重的祭祀场面，为研究古蜀宗教祭祀礼仪提供了珍贵的资料。

该璋璋身图案分上下两幅，正反相对呈对称布局，每幅图案由五组构成：下方一组有两座山，两山外侧各插有一枚牙璋；第二组是三个跪坐的人像，头戴穹窿形帽，佩双环相套的耳饰，身着无袖短裙，两拳相抱，置于腹前；第三组是几何形图案；第四组又是两座山，两山中间有一略似船形的符号，两山外侧似有一人手握拳将拇指按捺在山腰；最上面的一组为三个并排站立的人像，人像头戴平顶冠，佩铃形耳饰，身着无袖短裙，双手做与第二组人像相同的动作。从图中山、山侧所插的璋以及作拜祭状的人等情况分析，大体上可以推测该图所表现的正是所谓"山陵之祭"的隆重祭祀场面，而璋的祭祀用途尤其是作为祭山的用途也就彰显无疑了。

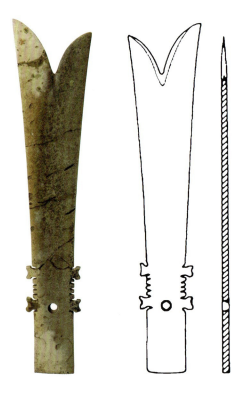

石璋及线图
该组石璋形制与祭山图中的璋一致

玉璋　　　　　　玉璋祭山刻纹线描图

# 玉戈

长 33.8 厘米
宽 8.5 厘米
厚 0.6 厘米

Jade Ge (Dagger-Axe)

Length 33.8cm
Width 8.5cm
Thickness 0.6cm

二号祭祀坑出土玉戈共21件。均出土于坑东南底部，同一形制的戈重叠堆放，比较整齐。部分戈的前锋被火烧过，有的呈鸡骨白色，但从总体看焚烧程度较轻。器物少数为完整器，多数已残断，但残件大都在一处堆置，不像其他器物被破坏后残块散乱分布，说明玉戈埋入坑内时除被火烧外，没有进行人为的砸击，仍然较为整齐地堆放在坑底。由此推测，这批玉戈在当时祭祀仪式中是作为仪仗使用的，使用后插入火中，仪式完毕后首先放入坑底掩埋。

该玉戈材质为蚀变白云质角砾岩，有花白斑。援一侧被火烧后略泛灰，残为数块，经拼接复原。援直，两侧有刃，上刃微弧拱起，下刃微内凹，刃薄，锐利，前锋微向下斜；两面各有一浅脊由内贯至前锋，脊两侧呈弧形内凹。内直，略长，末端略宽。

## 玉凿

—

高 19.4 厘米
宽 1.9 厘米
厚 1.3 厘米

Jade Chisel

—

Height 19.4cm
Width 1.9cm
Thickness 1.3cm

斧、凿、斤都是中国古代日常生活中的实用工具，多为石质。三星堆遗址出土的玉质工具基本都没有使用痕迹，因此应是祭祀活动中的礼器。该玉凿为软玉质，白色。形制规整，磨制较精，通体圆润，刃端明显宽于顶端，顶端两面磨薄。

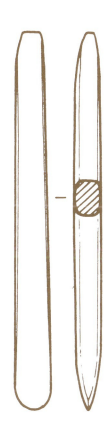

# 礼天之璧
## Sacrificial Bi

玉璧，是一种中央有穿孔的扁平状圆形玉器，最早出现在新石器时代。从考古出土的实物看，玉璧的孔径与器体的比例并没有严格的规定，因此今天我们习惯上把宽边小孔径的圆状器统称作璧。根据《周礼》的记载，玉璧为"六瑞"之一，用于祭天。

### 石璧

直径 13 厘米
孔径 5.7 厘米
厚 1.1 厘米

### Stone Bi (Ritual Object)

Outer Diameter 13cm
Inner Diameter 5.7cm
Thickness 1.1cm

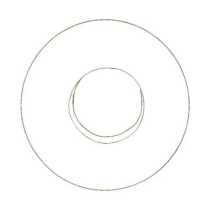

1989—1995年，三星堆遗址工作站先后6次对三星堆遗址外围的"土埂"进行试掘，最终确认它是人工修筑的城墙，并大致划定了面积达3.6平方千米的三星堆城址范围。至2017年对三星堆遗址城墙的系列考古勘探与发掘，可知三星堆遗址城墙建筑的最早年代是三星堆遗址二期。至三期在城内东北部形成了仓包包小城，并于仓包包小城内发现了新的祭祀坑。该石璧是本次展览中唯一一件出土于仓包包祭祀坑的展品。

除了玉璧外，三星堆遗址还出土了部分青铜璧形器，二号祭祀坑中出土的神树树枝上便套有铜璧形器。有观点认为神树与中国的十日神话相关，而璧形器则象征着太阳。从两个祭祀坑出土的铜璧形来看，时代较晚者肉的宽度变窄，好的直径增大。

## 铜瑗

直径 11.5 厘米
孔径 7.5 厘米
厚 1.8 厘米

Bronze Yuan (Ritual Object)

Outer Diameter 11.5cm
Inner Diameter 7.5cm
Thickness 1.8cm

该铜瑗好两面缘斜向凸起，好壁呈 C 字形内凹。好径较大，缘凸起较高且直。肉较薄，肉面较窄、较平。

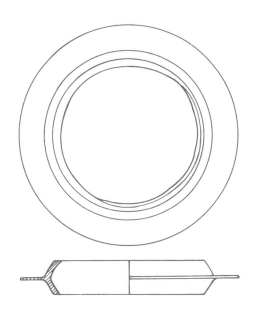

# 万物有灵

EVERYTHING

HAS SPIRIT

古蜀人认为，世间万物，山川、土石及动植物等都像人类一样具有灵性，他们赋予自然万物思想、智慧和情感，也通过自然万物与"神灵"对话。三星堆遗址发现的大量仿生性器物，即是这种"万物有灵"自然崇拜的真实再现。

Ancient Shu people believed that all things in the world, mountains and rivers, earth and rocks, animals and plants, etc. were as spiritual as human beings. They endowed all natural things with thought, wisdom and emotion, and also talked with Gods through all natural things. A large number of bionic artifacts found at Sanxingdui is the true reproduction of this natural worship of "everything has spirit."

## 金杖

大青铜神树上的铜鸟部件　　小青铜神树上的人面鸟

万物有灵

# 铜兽面

高 19.1 厘米
宽 29.6 厘米
厚 0.5 厘米

Bronze Mask

Height 19.1cm
Width 29.6cm
Thickness 0.5cm

神兽是中国远古人们想象中具有超能力的动物形象，是夸张变形的意向造型，其实质是一种观念性的神兽形象，古蜀先民将这种相貌凶猛威严的神兽作为辟邪除患的神物加以崇拜，以祈福消灾。

该兽面呈一对夔龙向两面展开状，卷角，龙尾上卷。方颐，长眉直达龙尾端，大眼，鼻翼呈旋涡状，阔口，露齿，夔龙形双耳。头顶卷角下及下颌两侧各有一小圆孔，下颌二孔在嘴角齿上。

# 铜扇贝形挂饰

高 8.7 厘米
宽 8.8 厘米
厚 1.2 厘米

Bronze Scallop

Height 8.7cm
Width 8.8cm
Thickness 1.2cm

三星堆遗址两个祭祀坑共出土铜铃 43 件，分为九种类型，既有几何形，也有仿拟动植物形态。从出土情况可以推测，铜铃是和铜挂饰、铜挂架组合在一起使用的。其组合形式为：铜挂架中央悬挂铜铃，附配的挂饰则悬挂在挂架架圈的挂钮上。每个挂架上悬挂相同形制的挂饰。

挂饰呈扇贝形，器形隆起，前高后低，背部有放射状脊棱，前端有一圆形钮，环钮两侧有新月形凸起，如甲虫的触角。两侧有翼，下端翼尖向外伸展，其构型很可能是从某种昆虫的外部形态上得到了启发，或就是以这种抽象形式表现了某种昆虫。

此铜铃正面略呈梯形，上小下大，顶部有一半圆形钮。铃身两侧有长而薄的翼。

## 铜铃

高 9.4 厘米
宽 6.9 厘米
厚 3 厘米

Bronze Bell

Height 9.4cm
Width 6.9cm
Thickness 3cm

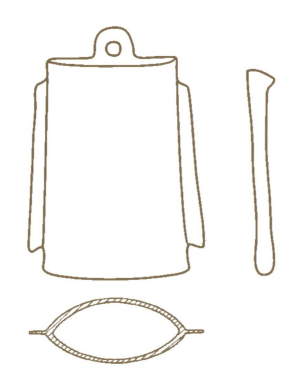

# 虎崇拜
Tiger worship

在古蜀人的信仰中，虎崇拜占有重要地位。三星堆遗址出土有虎形金箔、青铜虎等，均发现于与祭祀相关的堆积中，其扮演的角色应是祭祀活动中人神之间沟通的灵物，具有重要的象征意义。

虎形金箔
Tiger-shaped Gold Foil

铜虎形饰
Tiger-shaped Bronze Ornament

铜虎形器
Tiger-shaped Bronze

虎头方，昂首，双眼圆睁，尖圆形大耳外撇，张口露齿，竖尾。虎身肥大，作圆圈状，中空。四足站立于圆座之上。有学者认为此虎形器与同出于三星堆遗址一号祭祀坑的跪坐铜人像可组合为"骑虎铜人像"；也有学者认为，铜虎形器应该是套在一根木柱下端的装饰品，这根木柱很可能就是三星堆遗址出土的爬龙杖首上的那根木柱。

跪坐铜人像、铜虎形器复合示意图
(图片采自赵殿增：《骑虎铜人像与玉琼线刻人像——兼谈三星堆、金沙与良渚文化的关系》，《中华文化论坛》2006年第3期)

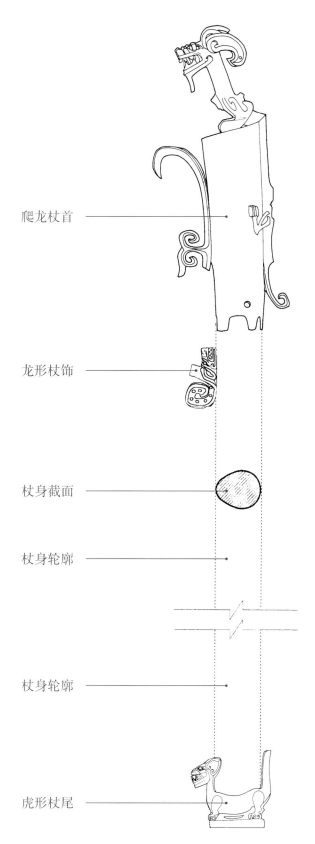

龙首虎尾杖复原图

（图片采自孙华：《三星堆出土爬龙铜柱首考——一根带有龙虎铜饰件权杖的复原》，《文物》2011年第7期）

## 鸟崇拜
Bird worship

在三星堆遗址出土的文物中，一个非常引人注目的现象就是在所有的人和动物造型中，鸟的造型受到了人们异乎寻常的关注。古蜀人塑造了大量不同材质、不同造型的鸟的形象，模仿成鸟的人的形象以及人首鸟身的神的形象，以表达他们对鸟的敬奉和崇拜。铜神树上的铜鸟，应与古蜀人的太阳崇拜有关。而金杖图案中的羽箭和鱼和鸟则可能代表了古蜀王的形象，整组图案反映的是王权更替或与古蜀王相关的事迹。

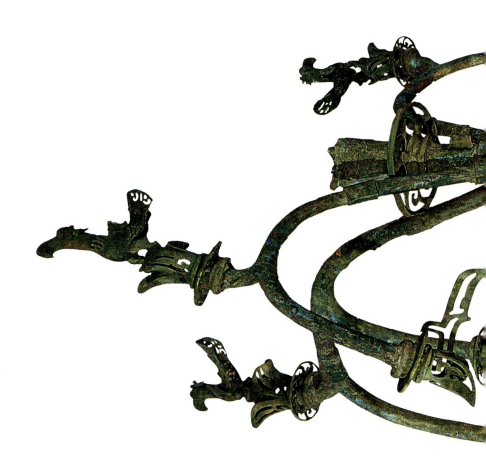

大青铜神树残高359厘米，圆形底座圈直径为92.4—93.5厘米，圈上三足呈拱形，状似树根。座上为树身，其上套铸三层树枝，每层出三枝弯曲向下，全树共九枝。第一层树枝靠近根部，第二层树枝在树干中段，第三层树枝靠近树端，端部残缺。每层树枝共分三叉，其中一枝中部又分两叉。各下垂枝端有一花，中部向上短枝花朵上有一立鸟，共九只鸟。

大青铜神树立鸟线描图

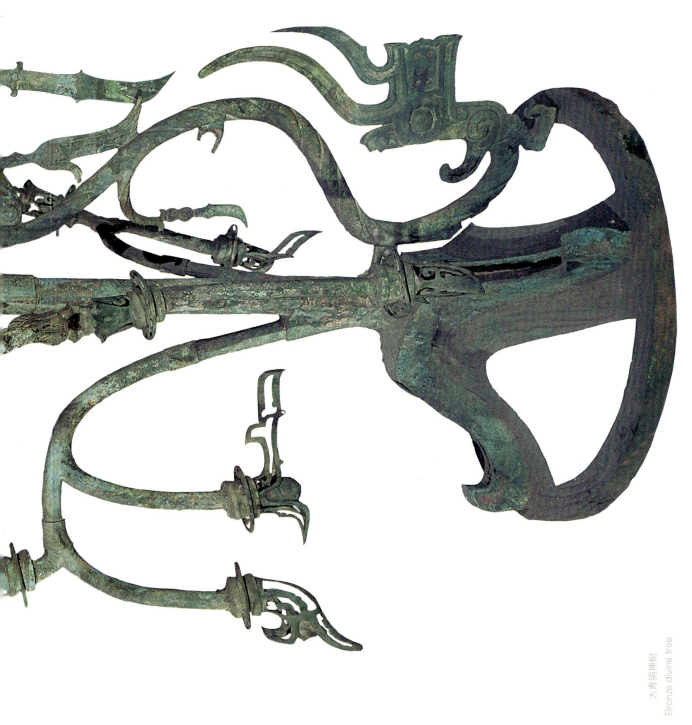

大青铜神树
Bronze divine tree

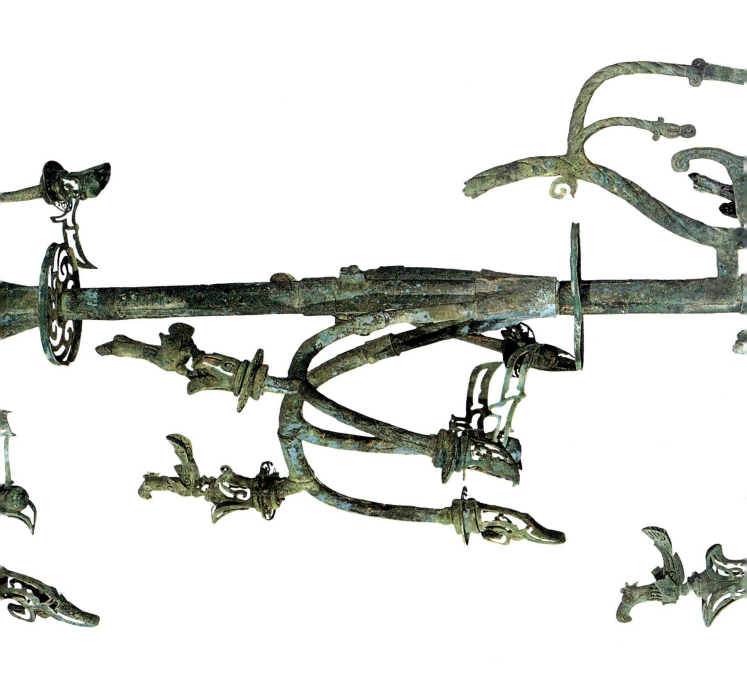

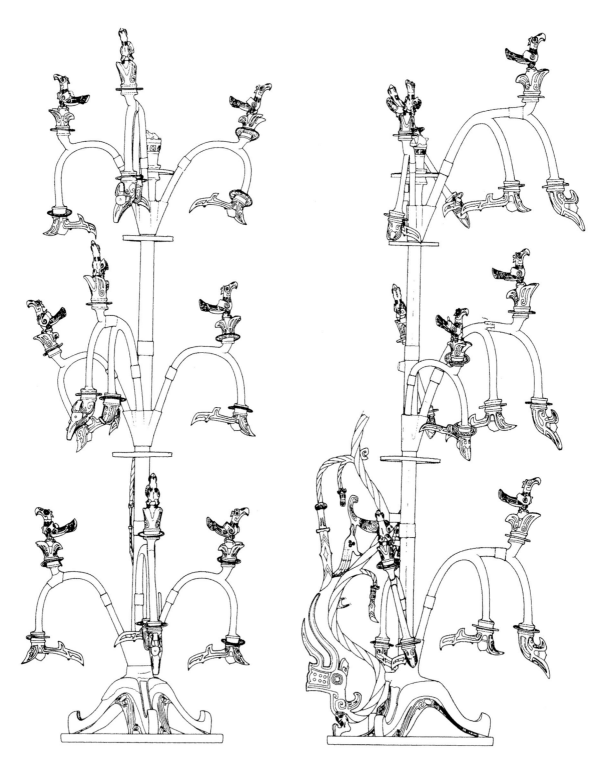

大青铜神树线描图

青铜神树很可能是古代传说中生长在东极和西极的扶桑若木，也就是太阳和神鸟升起、栖息的场所。太阳每天早上从扶桑树上升起，晚上就落在若木树上。神树和铜鸟共同承载了古蜀人对太阳的崇拜。

大青铜神树上的铜鸟形饰

小青铜神树上的人面鸟

该金杖是已出土的中国同时期金器中体量最大的一件，系用金条捶打成金皮后，再包卷在木杖上。出土时木杖已炭化，仅存金皮，金皮内还残留有炭化的木渣。在金杖一端，有长约46厘米的一段图案，图案共分三组：靠近端头的一组，合拢看为两个前后对称、头戴五齿巫冠、耳饰三角形耳坠的人头像，笑容可掬。另外两组图案相同，其上下方分别皆是两背相对的鸟与鱼，在鸟的颈部和鱼的头部叠压着一支箭状物。目前学术界一种观点认为鸟与鱼表现的是分别以鸟和鱼为祖神标志的两个部族联盟而形成的鱼凫王朝，图案中的"鸟""鱼"就是鱼凫王朝的徽号、标志；另一种观点则认为鸟鱼图象征着上天入地的功能，金杖是蜀王借以通神的法器。

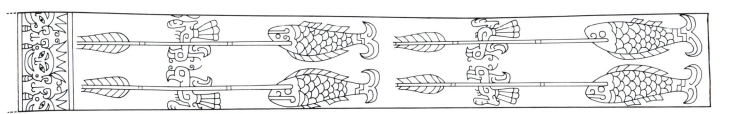

金杖
Gold Scepter

# 文明的延续
## ——从三星堆到金沙

CONTINUATION OF CIVILIZATION

FROM SANXINGDUI TO JINSHA

从距今约 3200 年前开始，三星堆文明衰落，古蜀文明中心转移到现成都市区范围内，以金沙遗址、十二桥遗址为代表的十二桥文化延续了三星堆文化的文明内核，无论是聚落布局、宗教信仰还是艺术风格，都显示出与三星堆一脉相承的特点，但文明形态更加成熟，早期城市特色鲜明，聚落体系多元，形成古蜀王都。从三星堆到金沙，是中国古代文明连续发展模式的生动写照。

---

The Sanxingdui civilization was interrupted around 3,200 years ago, and the center of ancient Shu civilization was transferred to the current urban area of Chengdu. The Shi-er-qiao culture, epitomized by the Jinsha Ruins Site and the Shi-er-qiao site, carried on the civilization of Sanxingdui culture. The settlement layout, religious belief and artistic style nonetheless demonstrate the same characteristics as those of Sanxingdui, but the civilization became more sophisticated. Specially speaking, this area developed into the capital of ancient Shu with distinct urban features and diversified settlement systems. Sanxingdui and Jinsha have presented a vivid portrayal of the continuous development of ancient Chinese civilization.

# 结 语

020年9月28日，习近平总书记在中共中央政治局
三次集体学习时强调，要高度重视考古工作，努力建
特色、中国风格、中国气派的考古学，更好认识源远
博大精深的中华文明。

星堆文明作为中华文明的重要组成部分，关于它的
息此前主要来自上世纪八十年代发现的一、二号祭祀
019年10月22日至2020年8月8日，四川省文
研究院联合四川广汉三星堆博物馆，在三星堆遗址
系统、全面的考古勘探与考古发掘，在一、二号祭祀
新发现六个祭祀坑。今年，新发现祭祀坑的考古发
已经启动，我们期待三星堆遗址新一轮考古工作能
学发掘，向世人全面展示古蜀国的面貌，进一步揭
地文明的神秘面纱，继续探索未知、揭示本源，为弘
优秀传统文化，坚定文化自信提供坚强支撑。

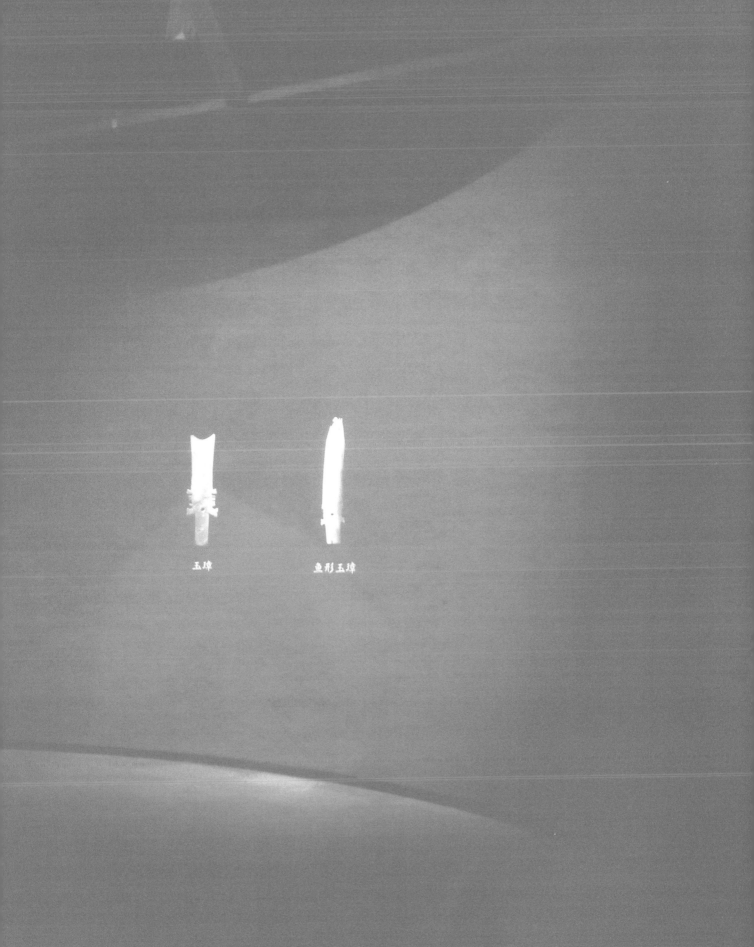

# 太阳神鸟金饰

—

直径 12.53 厘米
内径 5.29 厘米
厚 0.02 厘米

Gold Sun Crow Ornament

—

Outer Diameter 12.53cm
Internal Diameter 5.29cm
Thickness 0.02cm

金质，整体为圆形，厚度均匀，极薄。图案分为内外两层，均采用镂空的方式表现。内层图案中心为一没有边栏的圆圈，周围等距分布有十二条顺时针旋转的齿状芒，芒呈细长獠牙状，外端尖，图案好似空中旋转不停的太阳。外层图案由四只相同的逆时针飞行的鸟组成，它们等距分布于内层太阳的周围，引颈伸腿，展翅飞翔，爪有三趾。首足前后相接，向着同一方向飞行。飞行的方向与内层太阳芒纹的方向相反。整器采用捶揲、剪切和打磨等多样加工手法，正面打磨光亮，背面未经打磨，较粗糙。该展品有着丰富的历史文化内涵，具有重大的历史、艺术和科学价值，是研究商周时期古蜀先民金器制作工艺、青铜文明以及深层次的意识形态的重要实物资料。

# 人
MAN

君住长江头，我住长江尾，千年万里不见君，共饮长江水。从古蜀文明的三星堆到长江入海口处的上海，空间上相隔2000千米，从时间上看，即使从晚期三星堆文化算起，也已相隔3200余年。面对三四千年前的古蜀先民，今天的我们能做些什么？这成为"上大博人"思考的问题。通过系统发掘、整理、阐释三星堆文化，上海大学博物馆将古老的三星堆文化"邀请"到今人的世界，在当下焕发出别具一格的活力。

You live at the head of the Yangtze River and I live at the end of the River. Thousands of years has passed since we met last time. We both drink the water of the Yangtze River. Sanxingdui of the ancient Shu civilization is 2,000 kilometers away from Shanghai where the Yangtze River enters the sea. In terms of time, it has been more than 3,200 years apart even counting from the late Sanxingdui culture. Facing the ancestors of ancient Shu more than 4,000 years ago, what can we do today? It has become a problem to contemplate for the personnel at the Museum of Shanghai University. Through systematic exploration, sorting and interpretation of the Sanxingdui culture, the Museum of Shanghai University "invites" the ancient Sanxingdui culture to today's world, making it shine once again.

# 对话

DIALOGUE

2021年1月24日,"三星堆:人与神的世界"特展展期过半,上海大学博物馆邀请了7位当代艺术家,他们从三星堆文物里找寻创作灵感、找寻对话路径,为观众带来10件当代艺术作品,生动阐释优秀传统文化中的艺术基因,用当代艺术向传统文化"致敬"的方式,开启古蜀文明与当代艺术的对话。

---

By January 24, 2021, the exhibition "Immortal mortals Treasures the of Sanxingdui" had been on view for more than half of its exhibition time. The Museum of Shanghai University invited seven contemporary artists to exhibit their ten art works inspired by the cultural artifacts of Sanxingdui. These works vividly explained the artistic genes in excellent traditional culture, and ushered in a dialogue between ancient Shu civilization and contemporary art, "paying tribute" to traditional culture.

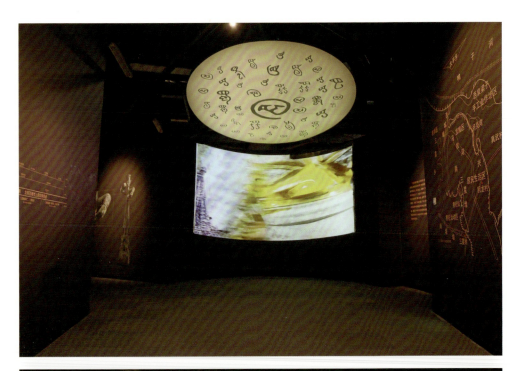

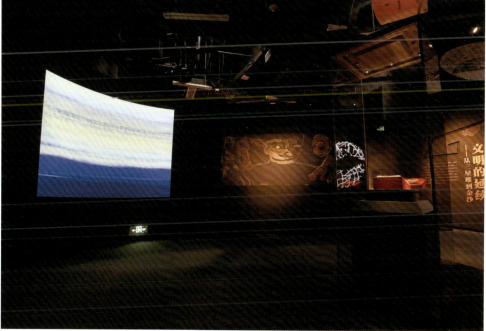

# 三星堆·穿越

作者·宋刚
影像
3'03"

时间与空间构成人类历史演化的基石。时间似水，呈现一种流动的状态；而空间是从具体事物中分离出来的抽象之物，它伴随着时间。作品《三星堆·穿越》，在"虚拟与真实"的数据记忆之河中流动，也如你与我，在一行行数据线之间滑动。作品特有的叙事结构与表达方式可以通过文字、照片、视频来记录下来，作品孕育的前世今生以及作者的所思所想都可以记录下来。但是，多年以后，当我们谈论起作品，或许只能回忆起一串串数字、一行行文字、一帧帧图像并唤起铭心的感触。虽然如此，记忆总能被重新召唤——即使"往事不如烟"，这就是图像史的功能。虚拟有时"魔幻"，哪怕是人类共同面对的历史文明。

在西方，有巴比伦、古埃及、古希腊、古罗马、文艺复兴等构成文明线索；在东方，有东亚文明、中华文明等。东西方如此丰富而深刻的历史记忆构筑成纵横古今的人类学典范，它们是人类历史的共同财富，典藏在人类文明的记忆之中。但在"娱乐至死"的网络社会，可能会被流动的数据叠加、覆盖，乃至使人类慢慢忘记文明的共同遗产。那些薪尽火传的历史情感，或将在与日俱增的网线和网络连接中慢慢被稀释。甚或是那些惊天动地的历史事件，随着"刷屏"时代下的"读屏"的新历史事件不断出现，也将被深藏在历史的灰烬里。在层出不穷的社会现象中，再了不起的事件或也只能成为媒体传播中的几行文字。在这里，视频试图去唤醒人类复杂而脆弱的情感，让我们谦卑而真实地认识到人类自身的局限。希望本作品能激起观者对东西方文化某些深层意蕴的思考。

# 极光

作者 · 柴文涛
影像
1'

　　三星堆遗址的发掘，将古蜀文明的历史推至 4500 年前。这些古老而又神奇的无法形容的威严铜器，充满了神秘与诱惑。透过迷惘诡异的光，我们所能窥探到的是那时人类的伟大和深不可测。这些既像是宗教祭祀面具，又像是统治者专属的神奇器具，无论怎样，都展示着特别的威严，不可侵犯。当它们出现在我们面前，是如此震撼和奇妙！

　　在三星堆被发现的时候，它们破土而出，一片片，一块块，残缺或完整，就像那碎片化的信息从远古而来。透过纵目面具，穿越蓝色的天际线和黄土地，我们仿佛去到了那个遥远而神秘的时代，置身于另外一个世界。转身，透过眼前白色明净的窗，破土，却又看到了未来。身后是 4500 年，眼前是现代的车流和空气，这一切让人产生从未感受过的着迷。时空交错着，我们看到自己，看到彼此的另一个世界。现代都市的川流不息，人群的脚步，远古的神秘，其间有着不可言说的神秘联系。时代在进步，但是也在往复，什么是亘古不变的呢？

　　你随我来，那空气、大海、山川、河流，透过眼前的高楼大厦，我们呼吸着和祖先一样的空气。音乐在耳畔响起，我们看到了 4500 年前的威严和神圣，你们也看到了我们的善良。时空流转，不变的是澄澈的眼神，不难以言说的是跨跃实体的交换，恰如这三星堆的"人与神对话"的世界。

# 三星堆 · 奔跑

作者 · 吴松
影像
4'38"

　　三星堆，古蜀场景，人类的童年。

　　狂奔，逐鹿莽原。祭拜，神怪翩翩。逍遥，古蜀山海。这里洪荒湖江，人兽出没，生气盎然。这是人与神的世界，这是偶像崇拜的世界。

　　这里崇拜：神兽崇拜，巨目崇拜，金色崇拜，玉石崇拜，纹样崇拜，手与权力的崇拜，山川草木，万物有灵。

　　这里祭祀：血祭牺牲，图腾威严。图腾的世界诡异神秘，瑰丽绚烂。那些夸张有力的姿态，金绿相交的颜色，高鼻大眼阔嘴的形象，传达出真实而又令人迷惑、熟悉而又令人惊异的信息。异于我们对古代图像的习惯性想象，那些镶金的青铜面具，其形象密码似乎昭然，但究竟传递出什么样的信息？这些信息要把我们指向哪里呢？这的确给我们"无限大的想象"而又实在难以想象。

　　所以奔跑的不仅是古蜀人，也是今人。时空转换，穿越回望。作品以一种模糊的神话素材，变异、转换，以散发性的形象，碎片般地传达出某些信息，牵引着我们的思路奔跑。那些散发性的、奔跑着的影像，犹如来自远古的折光，投射在我们面前，把过去和现在相连。

## 菱形双眼

作者·梁海声
瓦楞彩纸
长 31 厘米
宽 18 厘米
高 21 厘米

基于三角形青铜眼形器的三种形状创作了两个菱形眼以及三角眼皮，半睁半开，象征眼睛崇拜。

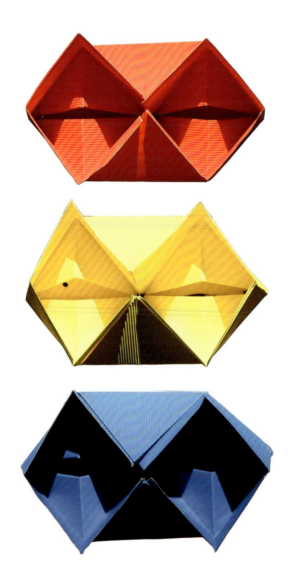

## 凹眼面具

作者 · 梁海声
瓦楞彩纸
长 43 厘米
宽 23 厘米
高 21 厘米

三星堆出土文物中最显著的就是极端的凸眼大耳头像以及多种面具，据说为巫师"通神"时所用，反映时人对神（大自然）极为敬畏。

折纸作品原为上海某当代艺术馆 JKMD 雕塑展的参与型公众行为艺术而作。展览时将折纸面具当作口罩戴上，展览后仍佩戴着并步行到最近地铁站，与前来美术馆参观的观众迎面相对。该行为艺术旨在呼吁社会重视大气质量和环保。

当然，大型的折叠面具作品是可以展览的，面具作品的凹眼对应文物的凸眼。

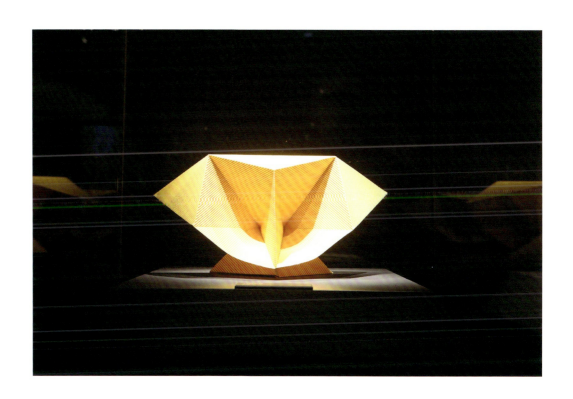

# 赑屃神兽

作者·梁海声
瓦楞彩纸
长 65 厘米
宽 35 厘米
高 41 厘米

三星堆出土文物中有不少蛇龙、蟾蜍、蜥蜴、鸟鱼等生灵。作品旨在展现三星堆文化中蕴含的生灵崇拜。

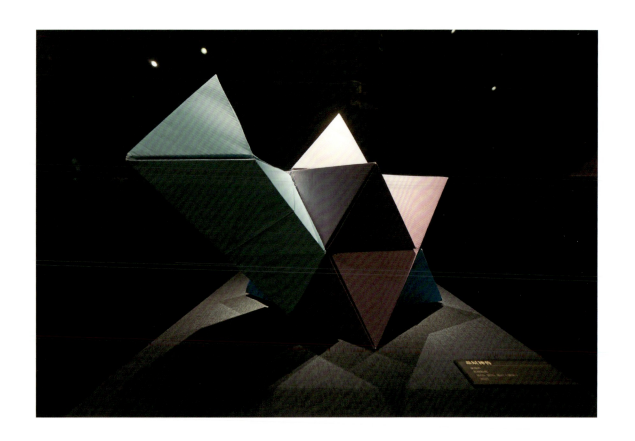

# 重塑的世界

作者·老羊
装置
尺寸可变

作品场景化表现：一个动漫风格的"喵星巫师"，正在运用"神力"，将地下的三星堆文物以及当下现实风格的"三星文创九只鸟等物质"整合在一个时空中……重塑出一个魔幻的"艺术与三星堆现场"。其呈现的是今天与上古交融的气象，也借此表达博物馆"古为今用，今有古思"的学研理念。

## 不可问 不可寻

作者·黄赛峰
综合材料
尺寸可变

探寻古迹在某种程度上是人类追根溯源的一种原始诉求，我们拨开历史的迷雾，以此映射自我。该作品试图结合三星堆文物形象，从个人主观视角出发去揣摩诠释蜀国的人文风貌。炫彩亚克力的运用，既是艺术家创作脉络的延续，也想让观者借由镜像反观自我。

## 宝藏

—

作者·刘玥
霓虹灯
长 170 厘米
宽 120 厘米

此次以气膜神鸟和霓虹灯为参展作品，造型元素以三星堆文物神鸟、纵目面具、太阳轮等为主体，并融入了艺术家近两年的重要创作图式（线条），分别选取了极具工业时代意味的材质来进行诠释，意在勾连当代与三星堆文明的时代内核。

## 辉之神鸟

—

作者·刘玥
装置
高 200 厘米
直径 160 厘米

# 社区

COMMUNITY

2021年1月22日,"三星堆:人与神的世界"特展以图片展的形式走进上海陆家嘴东昌新村,为社区居民带去一场别具特色的文化大餐。

本次活动作为"三星堆:人与神的世界"特展的组成部分,由上海大学博物馆联合陆家嘴社区公益基金会和社区枢纽站、上海市浦东新区陆家嘴街道东昌居民委员会共同策划。

On the morning of January 22,2021, "Immortal Mortals: The Treasures of Sanxingdui" entered Dongchang New Village in Lujiazui in the form of pictures, bringing a spectacular cultural feast to the community residents.

As a part of the special exhibition, this activity was organized by the Museum of Shanghai University, Lujiazui community public welfare foundation and community hub and Dongchang residents committee of Lujiazui street, Pudong New Area, Shanghai.

社区原有非机动车停车场被改造升级为"星梦停车棚"后,在不影响居民停车的情况下,通过举办图片展,增添了文化功能,营造了文化氛围。这次三星堆文物(图片)展览首次走进社区,是上海大学博物馆探索"高校博物馆+社区"展览模式的最新举措,具有特别意义。

改造后的星梦停车棚外景

专家导览

展出现场

现场参观

上海大学博物馆通过本次活动，把古蜀三星堆文明搬到社区居民家门口，让更多观众"足不出沪"就能欣赏中华优秀传统文化。同时，通过对话的方式参与陆家嘴的社区微更新，加强博物馆与社区的联系，拓展博物馆服务社会的功能。

我看了这个展览感触很大，这个活动实际上是为弘扬中华优秀传统文化、增强文化自信提供了坚强支撑。我看过之后历史知识得到了丰富，特别是了解了三星堆考古发掘的过程。

社区居民·陈国兴

布展后停车棚的变化很大，为停车棚插上了一条很长很长的天线，更有了无限可能，这对我们社区居民来说是第一次。希望能够通过这种方式引入更多的文化因素，让老小区重新焕发活力。

东昌居民委员会书记·曹骏

2021年5月18日,在第45个国际博物馆日,国家文物局局长李群在首都博物馆中国主会场活动开幕式上,向全国观众及博物馆同仁介绍了"三星堆:人与神的世界"进陆家嘴东昌新村活动。这是对"三星堆:人与神的世界"特展的肯定,也是对上海大学博物馆探索拓宽社会作用发挥渠道的激励。

　　2021年10月31日，在第六届陆家嘴金融城咖啡文化节的活动现场，距离"三星堆：人与神的世界"特展走进陆家嘴东昌新村已近一年，上海大学博物馆陆家嘴街道东昌社区志愿服务站的志愿者依旧在向来到陆家嘴的咖啡爱好者们介绍此次活动。时隔一年，来自遥远四川的古蜀文明，依旧在世界金融中心焕发活力。

# 活动

ACTIVITIES

展览期间，上海大学博物馆策划实施了学术讲座、馆长导览、文创制作、考古工作坊、美育工作坊等系列活动，获得观众积极响应。疫情期间，由于校外观众无法到现场参观展览、参加活动，用在线直播的方式举办学术讲座、馆长导览、社会教育等活动，线上线下参与人数超过200万人次。

During the exhibition, Shanghai University Museum held a series of activities such as academic lectures, curator's guide, cultural and creative production, archaeological workshops and aesthetic education workshops, which aroused vibrant responses from the audience. Due to the pandemic, off campus audience could not visit the exhibition or participate in activities on site. Thus, the museum broadcast live the academic lectures, curator's guide, social education and so forth, and the number of online and offline participants exceeded 2 million.

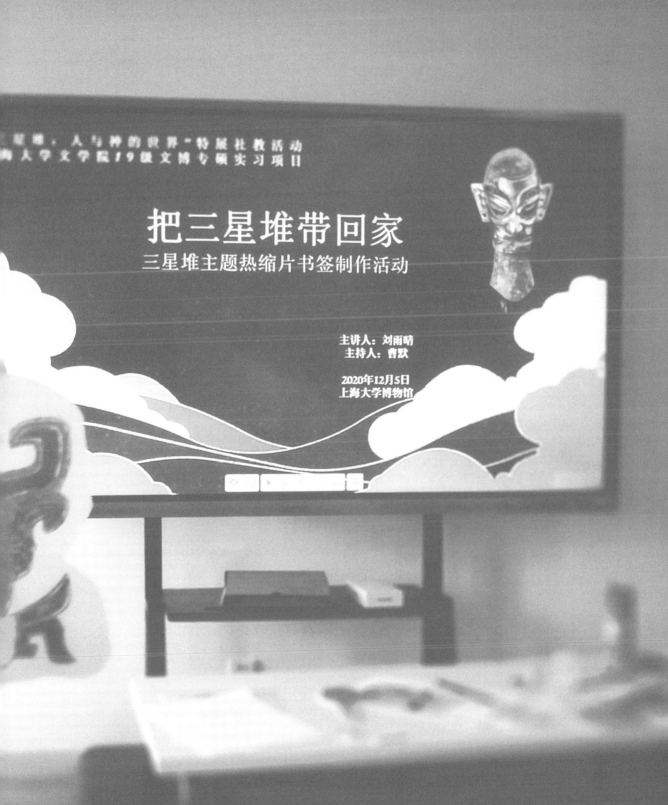

配合中国博物馆公开课线上直播活动,"三星堆:人与神的世界"特展举办了一系列配套讲座,其中,亚洲旧金山艺术博物馆馆长许杰所做"三星堆青铜文明:从哪里来,到哪里去,原貌为何?"讲座单场观众人数达到96.7万人次。

2021年1月10日,旧金山亚洲艺术博物馆馆长、上海大学特聘教授许杰先生讲座直播现场

举办馆长导览、美育工作坊、考古工作坊等配套社会教育活动11场,线上线下参与人数近110万人次。

2020年11月27日,首场馆长导览活动

考古工作坊之田野考古初体验活动

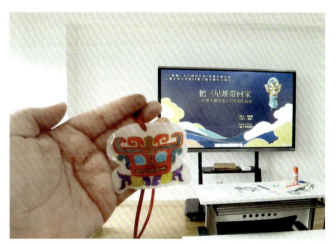

把三星堆带回家：三星堆主题热缩片书签制作活动

美育工作坊：土与火的艺术——陶艺实践课堂

# 新发现

NEW DISCOVERIES

2019年10月22日至2020年8月8日，四川省文物考古研究院联合四川广汉三星堆博物馆，在三星堆遗址开展了系统、全面的考古勘探，在一、二号祭祀坑附近新发现六个祭祀坑。2020年底，经国家文物局批准，由四川省文物考古研究牵头启动了对新发现祭祀坑的考古发掘工作。其中，上海大学成为本次发掘中的重要力量。

From October 22, 2019 to August 8, 2020, the Sichuan Provincial Cultural Relics and Archaeology Research Institute, together with the Sanxingdui Museum, carried out a systematic and comprehensive archaeological exploration at Sanxingdui, and discovered six sacrificial pits near the first and the second sacrificial pits. Upon the approval of the National Cultural Heritage Administration, the Sichuan Provincial Cultural Relics and Archaeology Research Institute launched an excavation of the newly found sacrificial pits at the end of 2020. Shanghai University played an important role in the excavation.

上海大学负责此次新发现六个祭祀坑中三号坑的发掘工作。三号坑是本次新发现祭祀坑中最早被发现的一座，也是目前新发现祭祀坑内器物最为丰富的一座。来自上海大学的考古学家在坑内发现了大量遗物，经过 10 个月的考古发掘，三号坑共提取文物 2693 件，其中相对完整者 1321 件。遗物埋藏层出土的较完整文物包括铜器 755 件、金器 51 件、玉器 195 件、石器 2 件、骨角器 7 件，总计 1010 件，此外还有象牙 102 根。青铜器中不乏顶尊跪坐人像、方尊、神树、坛状器等精彩文物，为世人带来惊喜之余，也为学界提供了探索古蜀文明、先秦文明的宝贵新材料。

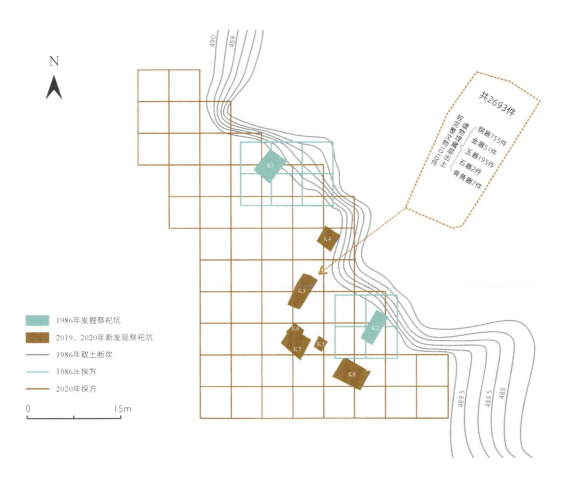

三星堆祭祀坑分布图

上海大学负责的三号坑发掘舱上的上海大学校徽清晰可见

夕阳余辉下的上大考古人

三号坑出土的三星堆首次发现的方尊

上海大学考古队工作照

上海大学考古队正在清理象牙

三星堆遗址祭祀区三号坑考古发掘副领队、上海大学文学院讲师徐斐宏博士在发掘现场

上海大学考古人员正在进行记录工作

三星堆上大考古队"老中青"

圆口尊和方尊

青铜顶尊跪坐人像

青铜神坛（局部）

青铜神坛（局部）

青铜神坛

# 文论

ARTICLES

# 三星堆青铜文明
## ——华夏文明发展中创造性的天才杰作

※ 唐飞

四川省文物考古研究院院长
四川省文物考古研究院研究馆员

上海大学博物馆"三星堆：人与神的世界"专题展出之际，正值四川广汉三星堆遗址祭祀区新一轮考古发掘工作紧张进行的时刻，上海大学和我院联合开展的三号祭祀坑的发掘工作也在如火如荼地进行着；精心策划的特展，以精美珍贵的文物展示了古蜀文明的万物有灵、以玉事神、人间神国的文明延续，揭开三星堆的神秘面纱，呈现三星堆文明的璀璨与辉煌，彰显长江文明的源远流长，展现中华文明的丰富多彩。展览成为上海人民的年度文化盛宴。

值得称道的是，在展览"与三星堆对话"部分，策展人重塑了一个新时期博物馆的追求，在"艺术与三星堆现场"里通过现代艺术家们以装置和影像绘画的方式创作的《重塑的世界》《三星堆·奔跑》《三星堆·穿越》《菱形双眼》《凹眼面具》等作品，在"虚拟与真实"的数据记忆之河中走读三星堆，揣摩、诠释蜀国的人文风貌，传统与当代相连接，勾连当代繁华都市文化与三星堆文明的时代内核，表达生命的价值。展览试图唤醒人类文明的记忆，在三星堆"人与神对话"的世界里，表达博物馆"古为今用，今有古思"的研学理念。它展示了高校博物馆有益探索和创新的巨大艺术魅力。

展览中三星堆文物虽然数量不多，但16件展品均来自20世纪80年代发现的一、二号祭祀坑，件件是精品。两个祭祀坑出土青铜器、金器、玉石器、陶石器、卜甲、象牙等1500余件，品类赅备而风格特异，令人耳目一新。尤其是祭祀坑器物从各个方面向世人展现出一个文华斑斓、无限精彩的神秘古蜀社会。其填补了中华文化演进序列中的缺环，价值及认识意义远远超越了西南地区的地域限制，成为研究中华文明与人类早期文明发展演进最宝贵的实例之一。

三星堆青铜文明是古蜀先民创造性的天才杰作，其独特的艺术成就闪耀着文明的光辉。现就本次展出的玉戈、铜顶尊跪坐人像两件器物做简要探讨，揭示三星堆文明的多样性及其与其他文化之间的联系，使我们更深刻地认识和理解多元一体的中华文明的形成和发展进程。

## 一、玉戈 K2 ③: 227-1

玉戈 K2 ③:227-1（图 1-a），三星堆遗址二号祭祀坑出土，蚀变云质角砾岩，有花白斑。援一侧被火烧后略泛灰，残为数块，经拼接复原。援直，两侧有刃，上刃微弧拱起，下刃微内凹，刃薄，锐利，前锋微向下斜；两面各有一浅脊由内贯至前锋，脊两侧呈弧形内凹。内直，略长，末端略宽。在内与援交界处中间有一直径 1.1 厘米的圆穿，一面管钻。援宽 8.5 厘米，内长 8.6 厘米、宽 7.1 厘米、厚 0.8 厘米，通长 33.9 厘米[1]。

二号祭祀坑共出土玉戈 21 件，均见于坑东南底部，同一形制的戈比较整齐地重叠堆放，部分戈的前锋被火烧过，有的呈鸡骨白色，但从总体看焚烧程度较轻。器物多数残断在一处堆置，少数完整。推测玉戈在当时祭祀仪式完后入坑掩埋。玉戈的基本特征在于有前端收聚成的锋，这是作为勾啄兵器保留的形态特色；但早已脱离兵器功能，而成为一种重要的祭祀礼器，即周代历史文献中记载的"圭"。三星堆玉戈数量众多，形态多样，根据锋部形态的不同，可分为三类：一是通常所见的尖锋戈，援的前端有尖刺的前锋，一般体形宽大，中部较厚，三角形前锋锐利，上下边刃打磨较薄，整体造型与中原地区早商时期出土的玉戈相近。二是援部的前锋好似被磕成缺口一样形状的歧锋戈，这类戈的内部均为两段式的玉璋形状，阑部雕出齿牙饰，有学者提出可将此类器称为璋形戈。三是援部锋刃的缺口中雕琢飞鸟，这类戈的内部也为两段式璋形，其中有一件玉戈的援身还雕刻一件玉璋的形状。后两类玉戈仅见于三星堆遗址和金沙遗址，是早期古蜀文明中具有特色的器物。

三星堆遗址目前出土的玉器数以千计，制作工艺精湛，在三星堆文化祭祀礼仪活动中占据重要地位，同时也是三星堆文明中最具中华文明特色的精彩篇章。出土各类玉器没有发现明显的痕迹，从功能用途上来看，主要同祭祀活动有关，是供奉的祭器或是与神沟通的道具。在三星堆遗址二

图 1 商代玉戈：a 三星堆玉戈（K2 ③: 227-1），b 妇好墓 I 式，c 妇好墓 II 式玉戈

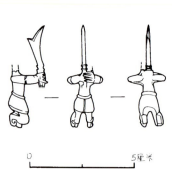

图 2 二号祭祀坑出土持璋跪坐人铜像 K2 ③: 325

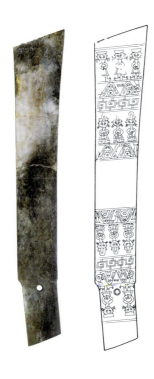

图 3 二号祭祀坑出土"祭山图"玉边璋 K2 ③:201-4

号祭祀坑出土有一件持璋跪坐人铜像 K2 ③:325（图 2），正手持牙璋作跪拜状态进行祭祀活动。牙璋在三星堆发现很多，材质包括玉、石、金、铜等等，而以玉牙璋数量最多、形态最丰富。二号祭祀坑出土的"祭山图"玉边璋（图 3），通长 54.2 厘米，刻有精彩的祭祀场景。两面纹饰相同，图案分前后两幅相对称。每幅又以带状云雷纹分隔为上下两段。上下段图案均以人居上，其下为山，人与山之间用平行线分隔。两山为一组。下段山上有云气纹和⊙形符号。"⊙"应代表日。两山之间悬一弯钩状物，弯钩基部似有套。两山外侧各立一璋。下段山上跪坐三人，各戴穹窿形帽，帽上有刺点纹，耳饰为两环相套，着无袖衫、短裙，双手揖于腹前。两山之间有船形符号，船中似有人站立。前幅上段山上站立三人，后幅上段因处在较窄的邸部只容二人，各戴平顶冠，冠上有两排刺点纹，耳饰为铃形，着无袖衫、短裙，双手揖于腹前[2]。这是复杂礼仪制度中"以玉事神"真实而生动的写照。

三星堆文化的主体来源于成都平原新石器时代晚期的宝墩文化，但两者之间文化面貌还存在较大差异，主要在于三星堆文化在形成和发展过程中大量吸收和借鉴了周边地区文化因素，并最终融入自身的文化传统之中。在三星堆文化形成过程中，影响最大的外来文化因素来自中原地区的二里头文化。三星堆文化出土的青铜牌饰、铜铃、玉牙璋、陶袋足盉、陶觚形杯、陶高柄豆等，在二里头文化中都有类似的器物，且最早不早于二里头文化第二期[3]。三星堆文化崛起的时候，正值二里头文化的尾声。三星堆遗址发现的玉戈、玉戚、玉璧、铜尊、铜罍、铜瓿、铜盘等器物，也与中原地区二里冈文化至殷墟早期的商文化有很大相似性，可以明显看出后者对前者的影响。就三星堆玉戈造型来看，无论是哪一种形制，都能在中原殷墟出土玉戈中找到相类似者（图 1-b），证明三星堆遗址所代表的古蜀文明与中原夏商王朝之间确实具有密切的联系，三星堆遗址的新发现是中华文明多元一体的重要证据。

## 二、铜喇叭座顶尊跪坐人像 K2 ③:48

铜喇叭座顶尊跪坐人像 K2 ③:48（图 4），三星堆遗址二号祭祀坑出土，喇叭形座，周围花纹镂空，并饰有三等距的扉棱，座底圈下有三个等

图 4 二号祭祀坑出土铜喇叭座顶尊跪坐人像 K2 ③:48

距的小支钉，座顶平，边沿有一周凹弦纹。座顶上用补铸法铸有一头上顶尊的跪坐人像，长刀眉，大眼，直鼻，阔口，圆耳，上身裸露，乳头凸出。下身着裙，腰间系带，结纽于腹前，纽套中插觿。人像头顶圈足尊，两手上举捧尊。尊口上有一喇叭形盖，盖钮残断，盖周围有四组简化的山形纹，一侧上沿有一小圆孔。尊颈部有两周凸弦纹，肩部有一周圆圈纹。腹部的前后各有一组简化的兽面纹。圈足饰一周圆圈纹，上下各有一周凹弦纹。底座直径10厘米，座高5.3厘米，通高15.6厘米[4]。这件器物表现的应是古蜀国巫师在神山顶上跪坐顶尊以献祭神天的情景。因其胸部乳头显露突出，因此有观点认为该人像刻画的是古蜀国的女性巫师或女神。

展览期间，在三号祭祀坑又新发现一件大型铜顶尊跪坐人像K3QW：26，通高约115厘米，大口尊高约55厘米，人像通高约60厘米（图5）。由上下两部分组成，上部为一件大口尊，下部为一尊跪坐人像。大口尊方唇，敞口，长颈微束，窄斜肩，直腹斜收，腹部近圈足处内弧，高圈足外撇，近底处微内弧。

图5 三号祭祀坑出土铜顶尊跪坐人像 K3QW：26

口沿内侧有两根短小圆柱，颈部下方近肩部处有凸弦纹三周；肩部以云雷纹为底，主体纹饰为夔纹。肩部有立体龙形装饰，器腹、圈足均饰以云雷纹作底的兽面纹。圈足上部有凸弦纹三道，扉棱以上有十字形镂孔。铜尊圈足连接一方形平板，平板下侧内收，连接铜人头部。铜人粗眉，大眼，鼻梁高耸，鼻翼宽大，阔嘴，方颌，大耳，颈部修长，躯干挺直，双臂平举于身前，双手合握，双腿呈跪姿，膝部有孔[5]。

在三星堆遗址发现的铜容器中，尊是最重要的一类，占据中心礼器地位。铜顶尊跪坐人像为我们展示了"尊"这种器物在古代祭祀时的一种具体使用方式。二号祭祀坑出土的喇叭座顶尊跪坐人像体量较小，二号祭祀坑发现的铜顶尊跪坐人像上部的大口尊与实用器等大，与跪坐铜人组合而成的器物，造型奇特。跪姿、着绣花短裙、双手叉指合拢、头像大眼咧嘴，表情夸张、神态虔诚。人像头顶着有龙形饰件的青铜尊，这件将人与尊组合为一体的大型青铜艺术品属世界首次发现，充满古蜀青铜器独特的神秘感。

除了铜顶尊跪坐人像，根据学者的复原研究，二号祭祀坑出土的"铜神坛"实际上是下面有兽和人两层座子的尊形器[6]，扮作鸟形的巫师头上顶着尊形器的圈足，尊是三段式方尊之形，尊口上还有一个镂空盖子，盖顶上跪着一人（图6），"也许三星堆人把仿照铜方尊的形状做的尊形熏炉，可以把香草放到里面慢慢燃烧，香烟就从盖上的镂孔散发，盖上跪着的人就像在云雾里一样。这个腾云驾雾的人可以把下界人的意志传达给天上的神，也可以把天上神的意志传达给地上的人"。

铜尊最早见于中原地区，在发展传播过程中，各地区逐渐形成不同的风格和体系。相对于中原系青铜尊，三星堆青铜尊整体显得瘦高，尊口内缘比唇部低而形成盘口，颈部较直并往往施加三道凸弦纹，肩部多立鸟、牛首、羊首等繁缛的装饰，扉棱多作卷云或立羽状，圈足均较高且壁面外鼓弧度较大。与三星堆遗址所见造型一致的铜尊在陕西南部、湖南、湖北、安徽等地广泛发现，特征鲜明，自成一系，不同于中原地区同类器物，有

图6 二号祭祀坑出土铜神坛 K2 ③:296

学者将之归为长江流域青铜器系统,而三星堆青铜容器属于长江流域青铜器的一部分。

尊在古代用作酒器,在祭祀活动中体现敬重、推崇。铜人跪坐顶尊再现了古蜀祭祀的隆重场景,铜人顶着的是商王朝发明的青铜礼器。铜人把它当作很尊崇的东西顶着,这是一个证明古蜀国和商王朝密切关系的证据。顶尊铜人像很可能表现的正是祭祀场景中的人物形象。头顶青铜尊这样的器物、以尊这类青铜容器作为祭祀礼器,反映出来的是中原青铜文化的礼制。过去在三星堆一、二号祭祀坑中也出土过仿照中原青铜器制作的青铜尊,还有与中原二里头文化相似的镶有绿松石的青铜牌饰,这均为三星堆与中原商周青铜文化之间的联系提供了证据。

三星堆的古蜀人把玉器和青铜器埋藏在有规划的遗迹内,这必然和古代蜀国的宗教活动密切相关,出土的器类和更早的夏商的礼器及组合一致,应是祭祀的最高礼制的体现。目前从考古发现看来,三星堆宗教信仰的表现形式与中原地区最大的区别就在于直接铸造神灵的偶像来进行供奉,祭祀活动更加复杂化和程序化,礼仪用品极其奢华,祭祀等级极高。

我们期待三星堆遗址新一轮考古工作能通过科学发掘,向世人全面展示古蜀国的面貌,进一步揭开三星堆文明的神秘面纱,继续探索未知、揭示本源,为弘扬中华优秀传统文化、增强文化自信提供坚强支撑。

基金资助:国家社科基金重大项目"古蜀地区文明化华夏化进程研究"(批准号:21&ZD223)、国家文物局"考古中国"重大项目"川渝地区巴蜀文明进程研究"的阶段性成果。

# 注释

[1] [2] [4] 四川省文物考古研究所编:《三星堆祭祀坑》,北京:文物出版社,1999年。
[3] 孙华:《试论三星堆文化》,载《四川盆地的青铜时代》,北京:科学出版社,2000年,第155页。
[5] 四川省文物考古研究院、上海大学文学院:《三星堆遗址三号祭祀坑出土铜顶尊跪坐人像》,《四川文物》2021年第3期。
[6] 孙华:《三星堆"铜神坛"的复原》,《文物》2010年第1期。

# 再说三星堆遗址祭祀坑

※ 陈显丹

四川省文物考古研究院原副院长
四川省文物考古研究院研究馆员

关于三星堆遗址出土的八个祭祀坑的性质问题，从1986年出土的一、二号坑的时候就已展开了热烈的讨论。此后，学界基本上将一、二号坑称为"祭祀坑"，但也有人仍坚持"器物埋藏坑"之说。

2019年底在三星堆一、二号坑旁又陆续发现了六个坑，这六个坑的发现又引起了学界对三星堆发现的八个坑性质的讨论：这八个"坑"是"器物埋藏坑"还是"祭祀坑"，或是其他性质的坑？本文就此问题再作探讨。

以1986年三星堆遗址发现的一、二号坑为例。关于一、二号坑的性质问题，《发掘简报》和笔者曾撰文进行过阐述，认为两个坑属祭祀坑[1]。2019年在三星堆遗址一、二号坑旁发现的六个土坑应与一、二号坑同性质。在新的六个坑发现之前，也有些学者针对一、二号坑提出墓葬陪葬坑说[2]、失灵神物掩埋坑说[3]、火葬墓说[4]、不祥宝器掩埋坑说[5]、鱼凫灭国器物坑说[6]等。综上不同看法，除祭祀坑的说法外，归结只有两种看法：一是"墓葬及墓葬陪葬坑说"，即与墓葬有关，但持此说者不多；二是"不祥之物、神物掩埋坑说"，持此说者较前者多。根据这些不同的看法，三星堆八个土坑的性质有必要继续深入讨论下去，以期与同仁们达成共识。

第一，我们有必要再讨论一、二号坑是不是墓葬陪葬坑及蜀王火葬墓。关于这一点，在半个多世纪的调查发掘的区域中，除在遗址西边的仁胜村发现有墓葬外，没有发现过墓葬区，特别是在两个坑的周围。何况到目前为止，发现的蜀人墓葬几乎都是长方形竖穴土坑墓，没有所谓的"火葬墓"。当地砖厂在十余年的烧砖取土过程中也没有发现墓葬，仅发现几个小型的长方形的土坑，这些土坑都是瘗埋器物的小型祭祀坑。如1929年在月亮湾燕家院子发现的一坑玉石器基本都是礼仪性的用品，如璋、琮、圭、斧、瑗、璧等，且器物"叠置如筒"，但未在坑中发现尸骨。研究者多认为此处是祭祀之所[7]。1964年，在距原坑五六十米处又发现成品、半成品和石坯一坑[8]。1986年3月，在六个坑的附近发现一个长方形坑，出土"铜瑗"及青铜容器残片。1988年，又发现一个玉石器坑，出土成套的玉环、璧、牙璋等礼器。但从未发现坑内有尸骨或葬具之类，因此墓葬的可能性是非常小的。这次六个新坑里也没有发现葬具和人骨之类的残留物，同时鉴于这些坑的四周到目前为止未发现任何同时代的墓葬，因此其为墓葬"陪葬坑"的说法是难以成立的。

第二，三星堆一、二号坑是不是"不祥之物"掩埋坑？持此说者，主要有以下两点意见：

一是两个坑的器物是鱼凫王的，是鱼凫王被杜宇灭国后将其掩埋的，因为他们取之不利[9]；

二是两个坑一次性用这样多的珍贵品，其国力是承受不了的，只能是异族入侵而进行的"宗庙扫庭"的结果[10]。

下面我们就针对三星堆一、二号坑的器物是不是被杜宇灭国后掩埋的这一意见进行讨论：持肯定说者在其撰文中首先将一、二号坑的时代同时压在西周中期，然后谈到鱼凫被杜宇所灭，杜宇掌政于西周后期到春秋前期这一范围内。我们根据坑内出土的器物来看，两坑的年代均属商代，这次六个坑的年代，根据测定，再次证明属商代晚期阶段，因此八个坑的年代都不会晚于西周后期，乃至春秋。因此其年代的错定必然会导致错误的结论。

既然两个坑是"鱼凫灭国器物坑"，那么这些器物就应当一次性在同一时间被销毁，且用一个坑就足以将其填埋，为何要分两个坑，甚至更多的坑？

第三，持"为不祥之物"的灭国器物坑说者在讨论坑的性质和时代问题时，都将注意力集中在坑内遗物被毁的现象上面，却忽视了土坑的形式上的差异。我们现在有必要再将一、二号坑的形式简要叙述一遍。

一号坑为长方形，开口于三星堆遗址第二发掘区的第六层下，口约大于底，长450—464厘米，宽330—380厘米。在坑口正中及两侧各有一条宽80—100厘米、深26—24厘米的坑道，从坑道残存的情况分析，两侧坑道可能与中间的主坑道相通，形成一个"环道"（图1）。

二号坑的形制，平面呈长方形，开口于三星堆遗址第二发掘区的第五层下。坑口长530厘米，宽220—230厘米，深140—168厘米。坑底长500厘米，宽210厘米。

从上面一、二号坑的形式我们可以看出，其开口层位不一，说明并不是同时期的坑，两个坑也存在着明显的差异。同时，两个坑的遗物虽然被毁，但放置都是有层次和先后秩序的[11]，而不是随意将其杂乱无章地扔在坑中。如果说这些坑都是同一时期的"宗庙被扫庭犁穴的不祥之物"，将其砸烂抛于野外或随便挖个坑杂乱地扔进去埋了就行了，为何又要用火烧，然后再往坑里有秩序地投放呢？为什么又要在坑口的正中央或两侧开"道"呢？为何又要将牺牲的动物骨骼完全粉碎成1—2厘米的碎块呢？还有，如果两个坑同时进行"扫庭犁穴"，为何相互仅隔30米距离的一、二号坑中的器物没有相互混杂，反而各置有序？这些不都说明古代的蜀人在此先后进行过某种隆重的宗教活动吗？古人最大的宗教活动又是什么呢？那就是"国之大事，在祀与戎"。

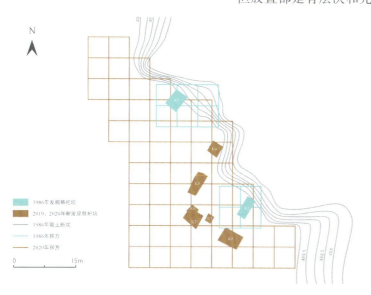

图1 八个祭祀坑平面分布图

上面就一、二号坑定为祭祀坑。那么，新发现的六个坑是否与一、二号坑的性质一样呢？它们之间又是什么关系呢？

有学者认为一、二号坑和新发现的六个坑都属"器物埋藏坑"。理由大概是在三星堆发现的八个坑中没有发现被火烧过的痕迹，坑里的遗物都是从其他地方搬运到这里埋藏的。下面就六个新发现的坑与一、二号坑的关联进行分析。

第一，新发现的六个坑和一、二号坑都位于一个区域，平面布局约呈"北斗星"形，而且都为"长方形竖穴土坑"，只是规模的大小不同而已，八个坑的方向基本一致（图1），也就是说，这里应是蜀人有意识专门规划的"祭祀区域"。

第二，新发现的六个坑里的器物堆积叠压也与一、二号坑相同。坑里的器型也是经过火烧、砸碎后，将青铜器放入事先挖好的坑内，然后再将大量的象牙覆盖在青铜器之上（图2）。

从六个坑里发现的文物也与一、二号坑里出土的种类基本相同。如青

图2 分三层堆积的二号祭祀坑：a 第一层象牙堆积，b 第二层大型青铜器堆积，c 第三层小件器物和神树部件堆积

铜面具、青铜人头像、金面罩、立人像、尊、神坛、神树、玉石器等等。六个坑中除五号坑和六号坑没有发现完整的象牙门齿外，其余四个坑中都有大量的象牙（图3）。由此可见新发现的六个坑中的文物也同样是古蜀王国神殿里的"神器"，既有祭祀者，也有被祭祀的偶像。虽然六个坑内没有发现火烧的痕迹，但在坑中仍有许多的灰烬。由此可见古蜀人是在举行完某种相应的仪式后，将这些遗物焚烧、砸碎，然后按"程序"放进预先规划好的坑里进行掩埋。也就是说这八个土坑都是祭祀仪式中的组成部分，是事先计划好的，所以坑的形制基本相同、方向一致。我们从八个祭祀坑中出土的不同文物也可窥其"奥秘"。如凡是有神坛、神树、大型面具、金杖的坑都较大，如一、二、三、七、八号坑；五号坑基本上放置的是金器和砸碎的牙雕器和碎骨渣，是八个祭祀坑中最小的，砸碎的骨渣虽然较大，但形式类似一号坑。其次是四号坑，除有几十枚象牙外，器物种类都较少，但这个坑里出土的陶器比例比较大。再有就是六号坑，该坑是八个祭祀坑中最为"特别"的坑。坑中除有一具长方形"木箱"外，没有发现其他任何器物，唯一发现的是在箱底有一小块碳化痕迹，初步判断为"丝织品"，由此可见每个坑都有一定的侧重。我们想想，如果这些坑是埋藏坑的话，为什么不直接埋藏？既然是"埋藏"，那就是考虑在今后有机会取出来使用，既然考虑了今后还要用，何必要费那么多的程序，又是烧又是砸碎又有序地将器物放入坑内，等等。

另外，三星堆遗址的三个土堆（即三星堆的得名）与八个祭祀坑位置紧相连，其分布走向均与八个祭祀坑大致相同，都为北偏东35°左右。笔者认为三星堆实际上就是三个隆起在地面的椭圆形的土堆——系人工堆积起来的堆子。经过人工解剖发现其包含物均属商代。笔者认为三星堆堆子不是普通的人工堆积，应是一露天"祭坛"（"冢土"）。考虑其与八个祭祀坑同处在三星堆遗址（城址）的西南部，这一区域应是蜀人举行重大礼仪的场所。关于这一点，笔者早有论述，其他学者也有文章论述，此不赘述。就在这个"郊祀的宗教活动圣地"内，还先后发现了一些小型的"祭坑"。

本文之所以要再次把这八个坑的性质确认为"祭祀坑"（或称为祭祀

掩埋坑），首先基于我们所说的"祭祀含义不是狭隘的一种特定祭祀，而是含义广泛而又复杂的一种宗教礼仪"。它包含着方方面面乃至各种类型的、简单的、复杂的宗教活动。如社稷的平安、战争、天灾（洪涝、干旱）、驱鬼辟邪、丰收、胜利等，这些祭祀典礼在我国古代可以说是无处不存。就八个坑本身而言，也是一种宗教仪式的产物，不论是坑的形式及所开的坑道（包括坑内、坑道内的层层夯土），还是坑内被粉碎为1—2厘米的动物骨渣、被焚烧的遗物和八个坑的所在区域及一致朝向，都是非常"讲究"的，这种"讲究"本身就具有某种宗教祭祀的象征意义。

图3 三号祭祀坑和八号祭祀坑上层堆积

# 注释

[1] 四川文物管理委员会等：《广汉三星堆遗址一号祭祀坑发掘简报》，《文物》1987年第10期。四川省文物管理委员会等：《广汉三星堆遗址二号祭祀坑发掘简报》，5期。

[2] 1986年在广汉召开的"巴蜀的历史与文化"学术讨论会上的意见。

[3][5] 孙华：《关于三星堆器物坑若干问题的辩证》，《四川文物》1993年第4、5期。沈仲常：《三星堆二号祭祀坑青铜立人像初记》，《文物》1987年第10期。

[4] 张明华：《三星堆祭祀坑会否是墓葬》，《中国文物报》1989年6月2日。

[6][9] 徐朝龙：《三星堆"祭祀坑说"唱异——兼谈鱼凫和杜宇之关系》，《四川文物》1992年第5、6期。

[7] 葛维汉：《汉州发掘报告》，《华西边疆研究学会杂志》1933—1934年第6卷。林名均：《广汉古代遗址发现及其发掘》，《说文月刊》1942年第3卷第7期。郑德坤：《四川古代文化史·广汉文化》，华西大学博物馆专刊之一，1946年。

[8] 冯汉骥、童恩正：《记广汉出土的玉石器》，《文物》1979年第2期。

[10] 林向：《蜀酒探源——巴蜀的"萨满式文化"研究之一》，《南方民族考古》1987年第一辑。

[11] 陈显丹：《三星堆一、二号坑几个问题的研究》，《四川文物》1992年《三星堆古蜀文化研究专辑》。陈显丹：《广汉三星堆一、二号坑两个问题的探讨》，《文物》1989年第5期。

# 三星堆遗址器物坑

※ 许杰

旧金山亚洲艺术博物馆馆长
上海大学特聘教授

图1 三星堆遗址城址示意图

1927年，位于现四川省广汉市三星堆镇鸭子河南岸、马牧河北岸的月亮湾台地中部的燕家院子，因户主燕道诚在院子附近挖水渠而出土了一大批玉石器，是为三星堆遗址有记录的首次重大发现[1]。1934年3月，华西协合大学博物馆（即四川大学博物馆前身）馆长葛维汉（David C. Graham）带队对这一水渠进行了发掘，发现了更多文物，并获取了进一步的信息，了解到器物出自一座长方形土坑[2]。

近六十年后的1986年夏，位于马牧河南岸，与月亮湾隔河相望的三星堆台地，因砖厂工人取土而前后发现了两个长方形器物坑，因其极其壮观、奇特的埋藏器物而闻名于世，揭示了一个湮没三千多年的高度发达的青铜文明，使三星堆遗址成为中国20世纪最为重要的发现之一[3]。两个器物坑在发掘报告中分别命名为一号坑（K1）和二号坑（K2）。巧的是在当地的景观中历代有"三星伴月"一说，正是因为三星堆和月亮湾均高于周围区域，三星堆得名于三座土堆，而月亮湾的地貌形似一轮弯月。

在发现两个器物坑之前的1985年，三星堆土埂经调查勘探被确认是人为堆筑，可能为城墙，由此开启了勘探三星堆遗址城墙遗迹的工作[4]。迄今已知，三星堆遗址具有一座近长方形的城址，而且城中有城。三星堆台地、月亮湾台地都是位于外城墙之内的城墙（图1）。月亮湾位于大致贯穿三星堆城南北的中轴线的北端附近，而三星堆则靠近中轴线南端。

1986年器物坑发现之后再过三十多年，2019年末，四川省文物考古研究院三星堆工作站的考古人员在K1、K2附近进行的新一轮勘探中发现了又一个土坑和埋藏器物的痕迹，之后相继发现另外六座器物坑，即三号至八号（K3—K8）坑[5]。近一年后，2020年9月，对六个坑的发掘全面展开，至今收获极其丰富。据悉，出土器物数量编号已近13000件，其中相对完整的文物 3155 件[6]，同时也揭示了各种重要的痕迹，使学术界和公众对三星堆遗址的关注达到前所未有的高度。目前，发掘和整理工作尚在持续进行中。

在近百年的三星堆遗址发现、发掘史中，除城墙和土坑外，还发现有房址、窑址、小型墓葬等各类遗迹。在目前所知材料中，三星堆遗址最具特色的埋藏形式无疑为长方形或近正方形土坑，用以埋藏各类器物。因此，学界对器物坑的年代、性质和背景等问题极为关注，众说纷纭[7]。这些问题对认识三星堆文明极为重要，因此笔者也不例外，在此尝试梳理三星堆遗址及周边相关遗址发现的各个土坑及其内容。因为文中讨论的土坑都埋藏有器物，在对埋藏性质作出具体指认之前，称为"器物坑"应该是最为稳妥、直白的名称。

## 一、三星堆遗址及周边发现器物坑简述

在三星堆遗址中，迄今已发掘清理出 15 座器物坑，而周边遗址也发现了 2 座器物坑，总共 17 座。按发现年代顺序简述如下：

（1）1927 年发现的月亮湾器物坑。长方形竖穴坑，坑长 2 米、宽约 1 米、深 1 米，长边大致为东西走向。出土器物包括 20 余件大小递减的石璧、有领玉瑗、玉璋、斧、凿、玉琮；有些器物表面残留有朱砂。关于石璧的排列有两种传说：一种说法是它们从上而下，由小到大成圆锥状排列；而另一种说法则认为，坑的两边各竖立石璧一列，由大而小，中间置玉器，其上又平覆石璧一列，亦由大而小。这次发现在当时盛传一时，可惜器物不久即多有散失，出土器物总数和全部种类不得而知[8]。1934 年的发掘在原坑内发现了石器、玉器，葛维汉在发掘报告中指出出土器物包括近 100 件石环、玉、石刀残片，15 件绿松石或绿玉（石）珠，80 多件小而薄的正方或长方形玉片，以及一些陶器碎片[9]。在坑的附近还发现了一个文化层，出土了大量器型类似的陶片和玉、石碎片，由此证明该文化层和器物坑属于同一时期、同一文化[10]。

（2）距 1927 年发掘的器物坑约 50—60 米外，1964 年又在月亮湾发现了一处器物坑，其中包括约 300 件石器和玉器的成品、半成品及原料[11]。

（3）1974 年在月亮湾地区梭子田地点发现一处器物坑，坑中出土了数十件表面打磨过的石器，可能是磨石[12]。

（4、5）1986 年春在三星堆发现两处器物坑，坑中有少量青铜器、石器、玉器、焚烧后的骨头和灰烬[13]。

（6）1986 年夏三星堆一号祭祀坑（K1）（图 2）。长方形竖穴坑，坑口长 4.5—4.64 米、宽 3.3—3.48 米；底部长 4.01 米、宽 2.8 米；深 1.46—1.64 米。坑四角指向东、西、南、

北四方。有坑道从三面汇聚于坑口。由于坑道夯土与坑内夯土一样，因此可以确定坑道与祭祀坑为同期修建。现存坑道已残损，但从剩余部分仍可清晰看出其修建结构。一条主坑道从祭祀坑东南壁中央垂直连接坑口，另外两条坑道分别从坑西南壁的南角和东北壁的东角连接坑口。这样，三条坑道从三个方向进入祭祀坑，并集中在东南壁。K1共出土了420件器物，包括铜器、金器、石器、玉器、琥珀、陶器，另有13根象牙、10件骨器残片、62件保存完整的海贝，以及约3立方米混杂有少量竹木灰的烧骨碎渣。

图2 1986年夏发掘一号祭祀坑（K1）

（7）1986年夏三星堆二号祭祀坑（K2）（图3）。位于K1东南方30米处，而两坑都位于1986年春发现两坑的西北面。长方形竖穴坑，坑口长5.3米、宽2.2—2.3米；底部长5米、宽2—2.1米、深1.4—1.68米。没有坑道，但四角朝向与K1一致，长轴方向为北偏东35°。K2出土器物更丰富，出土遗物1300件（含残件和残片），包括青铜器735件、金器61件、玉器486件（含珠325颗、管55件）、绿松石3件、石器15件；另有象牙67根、象牙器残片4件、象牙珠120颗、虎牙3枚和海贝4600枚。

（8）1987年在1927年发现的月亮湾坑以东400米的真武村仓包包台地发现器物坑。长方形竖穴坑，长约2米、宽近1米、深0.4米。坑内出土石器、玉器和青铜器。玉、石器包括8件玉瑗、1件玉箍形器、1件玉凿、3件石斧，以及21件大小不等的石璧，据称堆叠成圆锥形。其他类型的玉、石器数量未曾公布，包括石璧中心钻孔留下的石芯、小石琮及石弹丸等。器物坑出土的青铜器为3件青铜牌饰。这座器物坑除出土器物外，坑内还撒有朱砂和经过灼烧的骨渣灰烬[14]。

图3 1986年夏发掘二号祭祀坑（K2）

（9）1987年在东城墙遗址南端的狮子闹发现了一个有玉、石器的器物坑[15]。

（10）2020—2021年三星堆三号坑（K3）（图4）。长方形竖穴坑，坑口长5.8米、宽2.14—2.77米、深1.82—2.02米，面积14.05平方米，长轴方向为北偏东30°[16]。据中央电视台第十频道（科教频道）播放的《探秘三星堆》记录片第十集报导，2021年9月27日K3提取一件大型铜瓿的圈足残件，至此遗物全部提取完毕。K3出土遗物众多，已经编号的共2686件，其中填土出土729件，灰烬出土430件，埋藏遗物1527件；以铜器数量最多。相对完整的文物1293件，包括铜器764件、金器104件、玉器207

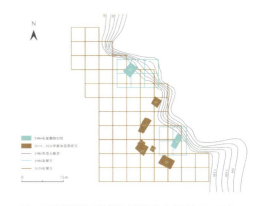

图4 三星堆遗址三星堆地点器物坑分布图（K1—K8）

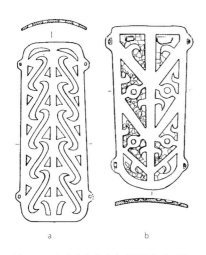

图5 1987年仓包包坑出土青铜牌饰（图片采自四川省文物考古研究所三星堆工作站、广汉市文物管理所：《三星堆遗址真武仓包包祭祀坑调查简报》，载四川省文物考古研究所编：《四川考古报告集》，北京：文物出版社，1998年，第81页，图三）
a：87GSZJ:16，长14厘米，宽4.9—5.3厘米
b：87GSZJ:36，长13.8厘米，宽5.2—5.6厘米

件、石器88件、陶器11件、象牙104根、骨角器和海贝等15件[17]。

（11）2020—2021年三星堆四号坑（K4）。正方形竖穴坑，坑口边长2.74—3.11米，坑深约1.3—1.5米，面积8.1平方米，方向35°[18]。2021年8月18日K4发掘结束[19]。K4出土遗物相对较少，但已经编号的也有1899件，其中填土出土499件，灰烬出土550件，埋藏遗物850件，以陶器残片为大宗，其次铜器和金器等残件。出土相对完整的文物79件，包括铜器21件、玉器9件、陶器2件、象牙47件[20]。另据国家文物局之前于2021年9月9日的公布，完整玉器9件为琮2件、瑗1件、凿4件、璧1件、锛1件，均来自埋藏堆积；两件陶器均出土于灰烬层，都是尖底盏[21]。

（12）2020—2021年三星堆五号坑（K5）。平面近方形竖穴坑，坑口长2米、宽1.78米；坑深0.56—0.69米；面积最小，约3.5平方米；方向27°[22]。截至2022年5月，K5已经结束野外发掘，坑内堆积提取回室内开展实验室考古清理；迄今已提取的遗物编号达352件，其中填土出土20件，埋藏遗物332件；遗物大多为象牙珠、牙雕和绿松石片等，占281件。相对完整的器物23件，含铜器2件、金器19件、玉器2件[23]。

（13）2020—2021年三星堆六号坑（K6）。长方形竖穴坑，坑口长1.94—2.33米、宽1.67—1.95米，深1.16—1.19米，面积约4.1平方米，方向124°[24]。据国家文物局2021年9月9日公布，K6已于2021年7月19日结束野外发掘工作，坑内"木箱"及西侧木器已经整体提取回实验室开展室内发掘[25]。"木箱"保存完整，长1.7米（与坑的宽度一致）、宽0.57米、高0.4米，四周侧板形制完整，但已炭化，涂有朱砂，为三星堆首次发现[26]。K6出土器物很少，填土内出土遗物编号共47件，包括石、陶、玉、铜器和象牙残件等。埋藏遗物仅有两件木器和一件玉刀[27]。

（14）2020—2021年三星堆七号坑（K7）。长方形竖穴坑，坑口长3.8—4.3米、宽3.3米，已清理深度超过1.7米，面积约13.5平方米，方向118°[28]。据国家文物局2021年9月9日公布，K7已经清理完填土堆积，暴露出埋藏堆积，包括最上层的象牙以及其下的其他材质文物，能确认的文物包括玉石戈、璋、瑗以及铜人头像、有领璧、龟背形挂饰等[29]。目前发掘清理尚在进行中，出土遗物除象牙231根外，编号迄今为1278件，其中填土出土176件，埋藏遗物1102件，以铜器和玉器居多。相对完整的文物 333 件,包括铜器 136 件、玉器 68 件、金器 29 件、骨珠和角珠 15 件、象牙 62 根、海贝 23 枚[30]。

(15) 2020—2021 年三星堆八号坑 (K8)。长方形竖穴坑,坑口长 5.01 米、宽 3.31—4.03 米,已清理深度超过 1.6 米,面积近 20 平方米,方向 117°[31]。是三星堆遗址目前发现面积最大的坑,约为最小坑 K5 的六倍。据报道,K8 埋藏文物可能比重器频出的 K3 还要丰富;在清理完填土堆积、灰烬堆积后,暴露出象牙和象牙之下的埋藏文物,一大批象牙、青铜器、金器、玉器等珍贵文物显露出来;截至目前,提取文物的编号已达 5210 件,其中填土出土 458 件、灰烬出土 4160 件、间隔层出土 290 件、埋藏遗物提取 302 件。以铜器居多,还有金器、玉器、石器、陶器、绿松石、象牙、骨角器、海贝等。相对完整的有 906 件,包括铜器 58 件、金器 368 件、玉器 205 件、石器 34 件、象牙 241 根[32]。

在三星堆遗址以外的地区,尚有另外两个相关器物坑。

(16) 1976 年广汉高骈镇西北 10 千米处发现一座器物坑。深度 1 米,出土青铜牌饰 1 件,与仓包包出土的类似;还有玉钺 1 件、玉矛 1 件和形似玉牙璋的残件 1 件[33]。

(17) 1987 年在成都东北,距离三星堆 160 余千米的盐亭县麻秧乡(今巨龙镇)发现一座器物坑。平面呈长方形,长 3.2 米、宽 1.2—1.6 米、深 1—1.3 米。坑底水平铺着尺寸递减的石璧 10 件[34]。

以上这些器物坑的考古资料的发表程度很不相同,有长篇正式考古报告(1986 年夏的 K1 和 K2)、详细的初步报告(1934 年对 1927 年月亮湾坑及附近地层的发掘和 1987 年的仓包包坑)、简讯(1976 年的高骈坑和 1987 年的麻秧坑),或仅在其他文中略有提及(1964 年的月亮湾坑、1974 年的梭子田坑、1986 春三星堆两坑和 1987 年的狮子闹坑)。2020 年以来的六座器物坑的材料目前主要来自新闻报道和专家评述,但具体简报也发表迅捷,有 K3 的青铜顶尊跪坐人像、K4 的三件一组青铜扭头跪坐人像、K5 的金面具和对八个器物坑发掘的通盘简介,以及 K4 的碳十四报告。因此以上及以下的叙述繁简不一,难以精确、全面,有待三星堆遗址各项田野考古报告的正式发表。但目前可知的信息可以允许得出一些初步的观察。

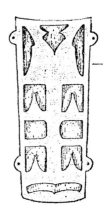

图 6 1976 年高骈坑出土青铜牌饰,长 12.3 厘米、宽 4.3—5 厘米(图片采自敖天照、王有鹏:《四川广汉出土商代玉器》,《文物》1980 年第 9 期,图二之 4)

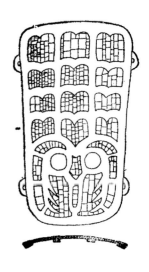

图 7 1987 年二里头出土青铜牌饰,87M57:4。长 15.9 厘米、宽 7.5—8.9 厘米,约公元前 16 世纪(图片采自中国社会科学院考古研究所二里头队:《1987 年偃师二里头遗址墓葬发掘简报》,《考古》1992 年第 4 期,图二之 1)

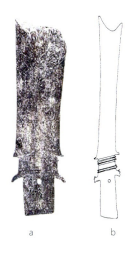

图 8 1927 年月亮湾坑出土玉牙璋
a:（3.1）260。长 39.3 厘米（图片采自邓聪编辑：《东亚玉器（三卷本）》，香港：香港中文大学，1998 年，卷三，彩版 277）
b: 313. 长 61 厘米（图片采自邓聪编辑：《南中国及邻近地区古文化研究：庆祝郑德坤教授从事学术活动六十周年论文集》，香港：香港中文大学，1994 年，图 D:8）

图 9 二里头出土牙璋
a: 1980 年 VM3:4. 长 54 厘米（图片采自邓聪、王方：《二里头牙璋（VM3:4）在南中国的波及——中国早期国家政治制度起源和扩散》，《中国国家博物馆馆刊》2015 年第 5 期，图四）
b: 1975 年 VIIKM7:5. 长 46-48 厘米（图片采自上文，图二）

## 二、器物坑的年代

1976 年的高骈坑和 1987 年的仓包包坑发现的青铜牌饰及高骈坑玉器都与二里头相关类型有关（图 5—图 7），因此器物和土坑年代可以大约定为相当于二里头晚期或商代早期[35]，即三星堆遗址四期分期中的第二期，公元前第二千纪上半叶[36]。

1963 年在月亮湾地区的发掘和 1980—1981 年在三星堆地区的发掘为其他器物坑的断代提供了一些非常重要的断代参考信息[37]。在两次发掘中，均出土了石璧残片，在月亮湾器物坑，位于上层文化层中（年代相当于三星堆文化第三期与第四期）；在三星堆则出土于年代属于第二和第三期的文化层中。更重要的是，在这两个发掘地点的第一期地层中，都没有任何类似发现。而且，所有宝墩聚落遗址也没有发现这种石璧。几乎可以肯定，这种石器类型在第二期时首次出现在成都平原地区，并一直延续到第四期。1927 年发现的月亮湾器物坑及 1987 年的麻秧器物坑都有多件成套石璧出土，它们的年代首先可以大体推断为第二至第四期。1987 年仓包包坑也出土了成套石璧，而有趣的是，仓包包坑和麻秧坑石璧的堆放形式分别与 1927 年月亮湾坑出土石璧的两种传说的堆放形式相符合。仓包包坑因出土与二里头文化有关的青铜牌饰被推断为属于三星堆遗址第二期，那么 1927 年的月亮湾坑及 1987 年的麻秧坑也有属于第二期的可能。

而且，月亮湾坑出土的玉牙璋也显示出与二里头文化的关系（图 8-a）。图 8-a 中的玉牙璋比例较宽大、端刃部斜弧微曲。上端扉牙是一对简单的短突，下端扉牙则是一对形状复杂的突出物。上下端扉牙之间的两侧各有两组扉牙，每组双齿，两组之间的器表有平行阴线纹。这件牙璋的形状和结构明显来自二里头（图 9-a），尤其是扉牙的构造。两者间的区别主要在于下端扉牙的造型：二里头玉牙璋的下端为宽厚的齿突，在月亮湾牙璋上已经演化成兽头状，而与另一件二里头玉牙璋下端扉牙相近（图 9-b），同时两者在扉牙部分的器表都有平行线纹。月亮湾出土的另一件玉璋表现出与二里头原形的显著差异（图 8-b）。从比例上看，图 8-b 这件玉璋格外细长。端刃部弧曲很深，两端形成双齿。扉牙部明显倾斜状。倾斜扉牙的端倪在图 8-a 中已经出现，虽然还不甚明显。这无疑是从二里头原形发展出来的具有地域性风格的特点。

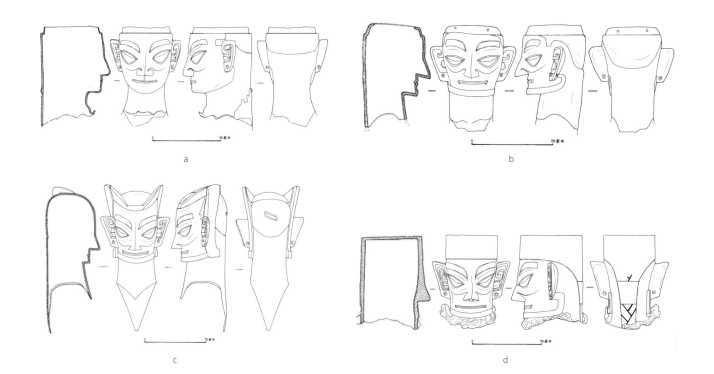

图 10 K1 出土人头像
a：K1:2。高 29 厘米，最宽 20.6 厘米，重 4.48 千克
b：K1:6。高 25 厘米，最宽 20.4 厘米，重 3.36 千克
c：K1:5。高 45.6 厘米，最宽 22 厘米，重 4.54 千克
d：K1:7。高 27 厘米，最宽 22.8 厘米，重 7.66 千克

此外，月亮湾坑和麻秧坑中没有出现石或玉戈[38]，而在 K1 和 K2 中则数量众多，这一现象提示 1927 年的月亮湾坑及 1987 年的麻秧坑应当早于 K1 和 K2，更加支持了属于第二期的可能，最晚不过 K1 的时代[39]。

1964 年的月亮湾坑、1974 年的梭子田坑、1986 年春三星堆两坑和 1987 年的狮子闹坑的情况不明，几乎没有资料发表，但据相关的简单介绍，1964 年的月亮湾坑、1974 年的梭子田坑和 1987 年的狮子闹坑三坑现场都遭破坏，坑形和出土器物全貌不清，但出土器物似乎包括璋、矛、璧等器类，器形与其他几处出土器物相似，均埋于浅土坑中，可能属于同一性质的器物坑[40]。而 1986 年春三星堆两坑的出土器物中包括零星铜器。由此，那五个坑的年代都大致可以归为第二至第四期。

K1 和 K2 出现了大量的金属制品，尤以青铜器为主，还有显著的金器。这无疑说明三星堆社会已经全面进入青铜时代。两坑的相对和绝对年代在三星堆遗址研究中至关重要。如本文注[36]中指出：三星堆遗址第三与第四期的界限主要是以两坑出土青铜器以及玉石器的风格为依据的[41]。由此，它们的年代分别为三星堆文化第三期末与第四期早期，大约以公元前 1200 年为界。但除了风格上的差异外，K1 和 K2 埋藏青铜器之间还有其他一些重要的区别。例如，K1 铜容器数量较少，但器类较多(4 件容器，

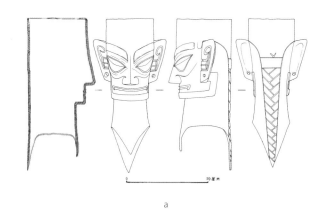
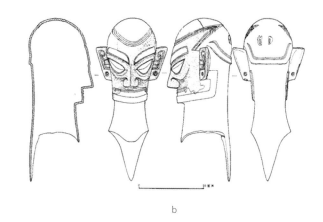

分属 3 种类型，此外还有 1 件器盖的残件）；K2 容器数量是 K1 的数倍，但器类较少（至少 14 件容器，但只有 2 种器类，即尊和罍，此外还有多件容器残片和 3 件罍盖和盖钮）。两坑在容器器类上的变化或许体现了礼仪制度规范化的过程，而类似的现象也见于青铜雕像。

图 11 K2 出土人头像
a: K2(2):17。高 40 厘米，最宽 18.2 厘米，重 4 千克
b: K2(2):214。高 48.1 厘米，最宽 22 厘米

K1 和 K2 都埋藏了青铜人头像。K1 出土的人头像相对较少，共 13 个（其中 10 个头部完整），但根据头部特征至少可以分为 4 种类型（图 10）。而 K2 的人头像数量众多，有 44 个，但头部特征的变化不大，仅能大略分为 2 类（图 11）[42]。这一反差清楚地表明，从 K1 到 K2，三星堆铸铜作坊的人头像设计制作已经趋于标准化。这一标准化的倾向也见于一般研究未能

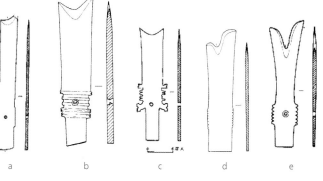

图 12 K1 出土玉牙璋
a: K1:170。长 48.4 厘米
b: K1:23。长 27 厘米
c: K1:01。长 25.2 厘米
d: K1:02。长 28.2 厘米
e: K1:275。长 23.2 厘米

涉及的铸造技术层面的重要细节，例如人头像的重量。K2 人头像都比 K1 的轻薄。K1 出土的人头像除 4 件严重破损外，剩余的 9 件头像重量在 2.01—7.66 千克之间（其中，2 个约 2—3 千克、2 个约 3—4 千克、3 个约 4—5 千克、1 个约 6—7 千克、1 个约 7—8 千克）。相比之下，二号祭祀坑出土的人头像，尺寸相近的重量就更一致。除了 3 件小型头像及另外 3 件未公布重量的头像外，已知 37 件头像中，绝大多数的重量约 2—4 千克之间（其中，12 件约 2—3 千克、16 件约 3—4 千克），只有 8 件重量在 4—5 千克之间，最重的一个头像为 5.8 千克。尤需注意的是，K2 出土人头像的重量没有一件超过 K1 中最重的人头像。K1 中最重的头像（图 10-d）重达 7.66 千克，是大部分 K2 出土头像重量的两倍。由此可见，在铸造 K2 青铜人头像时，

三星堆铸铜作坊业已较为熟练地掌控了青铜雕像铸造的技术，雕像更统一、更轻薄，因而也更经济。同样数量的金属原料可以制作出数量更多的雕像。

上述 K1 和 K2 之间的差异和标准化倾向在玉石器上也有反映。例如，两坑埋藏的玉牙璋与其他地区出土牙璋大不相同，与 1927 年月亮湾坑出土的牙璋也不同，个别还有二里头形式的痕迹，但大多极具本地特色[43]。但在数量和类型上再次出现反映在青铜器上的差异，即 K1 出土玉璋较少（5 件），但是扉棱部位的特征各不相同（代表了 5 种类型）（图 12），而 K2 出土数量更多（13 件），但类型则少（按扉牙部位的特征归为 3 类）（图 13）。以上讨论的种种差异印证了一个共同的标准化趋向，无疑证明 K2 的器物群在整体上晚于 K1 的器物群，而不可能是同时代的产物，这为两坑的年代次序提供了有力的佐证，即 K1 很可能早于 K2[44]。当然，器物制作的时代差异尚不能绝对地证明两坑的相对年代：两坑的器物有可能来自两个不同年代修筑、配置的信仰礼仪场所，但器物被毁、掩埋则可能异时也可能同时。但综合而言，K1 应该早于 K2。

对于 2020—2021 年发掘的六个器物坑，可以在埋藏形式和内容上相互比较，并与 K1、K2 比较，以此初步推测它们的相对年代。新发现的六个器物坑位于 K1、K2 之间的 30 米距离的范围内，形状均是长方形或正方形，并呈一致朝向。在如此紧凑的范围内挖掘多个形态大体一致的器物坑，掩埋大量珍贵的礼仪用品，必然是在相同的信念指导下计划有序的行为。如果 K1 确实早于 K2，那就反映了当时的社会对这一埋藏场地有着长期、有效的管理。而且，八座坑都有不同层度的灰烬堆积，通常内含烧骨渣和器物等，而器物也多有焚烧痕迹。就 K1 和 K2 的情况来看，坑壁未见火烧痕，可见器物的焚烧发生在掩埋之前，是在坑外进行的。此外，器物还大多被有意地打砸，而致部分受损，甚至完全被毁成碎片。例如，K2 的青铜大型立人在出土时斜置坑中（图 14），在腰部断成两段，但两段身躯呈相反方向，可见捶击的行为也发生在坑外，而不是在夯打填土时被砸碎的。还有器物碎成数块并散落在坑内的不同位置。此外，许多器物在当时显然是更大的器物组合体的构件，而其他不同材质的组件部分，或已被毁，或未埋入坑中。因此，K1 和 K2 中掩埋的器物是某种信仰活动的"残留物"，而该信仰活动的过程必然包括打砸、焚烧和掩埋。但这些行为在性质相同的基础上可以有程度的差异（不同程度的击打、焚烧和掩埋）。

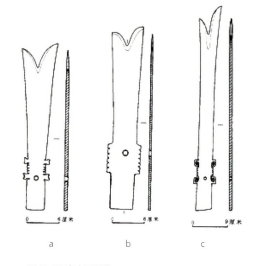

图 13 K2 出土玉牙璋
a：K2(3):167。长 30.5 厘米
b：K2(3):322-7。长 33.6 厘米
c：K2(3):320。长 67.8 厘米

图 14 K2 青铜器层

图 15 K3 出土青铜顶尊跪坐人像，K3QW:26。通高约 1.15 米；大口尊高约 0.55 米；跪坐人像连同顶部方形平板高约 0.6 米

图 16 K2 出土青铜小型顶尊跪坐人像，K2(3):48。高 15.6 厘米

掩埋过程也有一定程序。虽然器物在坑内的分布比较乱，但从器物的叠压关系来看，可以推知器物按类集中，然后按一定顺序埋投放入坑内。K1 和 K2 的器物层中，最上面也就是最后埋入土坑的一层物品是象牙，之下是各类不同器物。K2 的层面尤为清晰，大体可分为三大层。象牙层下的一层全部是青铜器，许多体量硕大，有各类造像如大型立人、神树、面具等以及容器；坑底一层主要是小型铜器、饰件和各类玉石器等。

K3—K8 的发掘、整理工作尚在进行时，但根据官方公布、新闻报道和学者讲座的信息，以上以 K1、K2 为例描述的情形，应该总体适合于新近发掘的六个坑[45]。因此，八个坑所代表的信仰活动应该具备相同的性质。至于具体性质的问题，留待下文讨论。

一线的学者们对八个坑中的一些现象已经通过媒体提出认识，例如，K6 打破了 K7，因此年代可能晚于后者；K5、K6 号坑的面积最小、深度最浅，与其它六坑差别很大，而且坑内器物也存在一定不同；因此，K5、K6 整体来看应该晚于其它六座坑[46]。最近发表的 K3 至 K8 的发掘简报指出，K1、K2 和此次发掘的六坑可以分为四组：K1 和 K4、K2 和 K3、K5 和 K6、K7 和 K8，并分析认为 K1 至 K4 及 K7、K8 的年代或许相同，而 K5 和 K6 稍晚；K5 和 K6 的性质应该是事实上的祭祀坑，而其他六坑是祭祀器物掩埋坑[47]。这些初步认识提出了一个大致的框架，有益于后续研究，但作者尚未提出分组的具体依据和各坑之间的相对年代关系。将来发表的正式发掘报告一定会有详细的论证。

K1—K4 及 K7 和 K8 六个坑内的器物种类有着许多共同点。根据目前所知信息，六个坑都有灰烬层[48]，共同具有的器物媒介包括但不一定限于整体象牙、青铜器、金器、玉石器，具体器物品种也有许多共同之处。但坑与坑之间在掩埋状态和具体器类上的异同程度颇有分别。限于目前所知极为有限，以下的讨论仅为印象性的初步假设，而不是依据实体观察和正式发表材料得出的结论，或许仅可以作为以后探索的参考问题。

K3 与 K2 在埋藏情况和器物种类上很相似，已有不少学者指出。两坑出土的器物种类很接近，尤其在青铜器方面，有人像、人头像、人面具、神树、神兽、蛇、眼形器和容器等。其中超大型的人面具、神树残件和容器尤为醒目，而顶尊跪坐人像则与 K2 出土的微型顶尊跪坐人像在图像上是一致的（图 15、图 16），尤显两坑之间的密切关系[49]。此外，K8 与

K2、K3 也在器物种类上具有不少共同点，就青铜器而言，也有大量埋藏，其中包括类似的人头像和神树的残件，容器残片也表现了相同的风格。神兽和与其相关的神坛是三个坑之间最显著的共性[50]。而据新华社近期报道：2022 年 6 月 16 日，三星堆考古研究团队宣布将 K8 新发现的"顶尊蛇身铜人像"与 K2 出土的"青铜鸟脚人像残部"拼对成功，重新命名为"鸟足曲身顶尊神像"，两部分在"分离"3000 年后终于合体（图 17）[51]。如果这一拼对确凿无疑，那么 K8 和 K2、K3 都是同时期的。另外，在玉石器方面似乎也有类似之处。

K7 与 K8 一样，埋藏了大量的整体象牙，远远超过其他各坑的数量。K7 的一大特点是玉器众多，其中包括玉璋、玉凿、玉斧、玉瑗等，琳琅满目[52]。这表面出与众不同的特色，但 K7 出土的 1 件青铜人头像似乎与 K2、K3、K8 出土的较为相似。

K4 的面积在其余六坑中最小，但也倍于 K6，深度则超过 K5、K6 的两倍，而与其他各坑相仿。K4 出土了三件青铜小型扭头跪坐人像（图 18），引人注目，造型和表面纹饰的处理如发掘简报所述，"形态逼真，细节丰富，展现出三星堆青铜铸造艺术的高超水平"[53]。但 K4 与 K2、K3、K7、K8 之间的相对年代关系尚难判断，而 K1 的年代如前所述应当早于 K2。因此，各坑之间相对年代的精准把握，尚有待逐步的研究和全部材料的公布。

就绝对年代而言，据目前正式发布碳十四测年数据，K4 的埋藏年代有 95.4% 的概率落在距今 3148—2966 年的时间范围之内，相当于中原的商代晚期[54]。这一重要结论无疑证实了 K4 的大致年代，也与以前采用三星堆遗址出土其他材料测得的碳十四数据相一致[55]。而据最新发布，迄今在发掘过程中从六个器物坑中共采集了 200 多个可供测年的样品；经过实验过程以及加速器质谱碳十四测量，得到了一批碳十四数据，其中 K3 得到 8 个数据，K4 共得到 11 个数据（《四川文物》2021 年第 2 期发表了 6 个数据），K6 得到 10 个数据，K8 得到 9 个数据，而 K5 和 K7 样品保存状况不好，到目前还没有获得足够的数据；因此，测年团队认为，已经得到足够碳十四年代数据的 K3、K4、K6 和 K8 的形成年代有 95.4% 的概率落在公元前 1200—前 1010 之间[56]。这一成果无疑具有重大意义，但对此处讨论器物坑之间的相对年代则难以起到决定性的作用。

图 17 鸟足曲身顶尊神像，由 K2 青铜鸟脚人像残部和 K8 顶尊蛇身铜人像拼对而成。K2 部件通高 81.4 厘米，K8 部件通高约 1.6 米

图 18 K4 出土青铜小型扭头跪坐人像，K4yw:244。通高 29.9 厘米

## 三、器物坑的性质 [57]

在三星堆遗址发现的各个器物坑中，1964年的月亮湾坑和1974年的梭子田坑很可能是贮藏坑，因为前者除出土一些成品外，还有许多半成品、碎片和原材料；而在梭子田坑则发现了磨石。邻近地区，如西泉坎，也发现了类似的残件和原材料，表明这一地区是石器和玉器作坊。其他区域或许也有作坊，因为在1986年发掘的三星堆第三发掘区，也发现了大量被切片或未完全切割的石料[58]。

其他各坑的状况显然不同，往往埋藏了类型相似的玉、石器，而均未发现具有使用功能的工具、武器；没有丧葬用具或人骨遗骸，但通常有灼烧的骨渣和灰烬；器物上通常涂有色彩，并经焚烧或捶击；器物在坑中的掩埋都有一定顺序。鉴于这些共性，可以相信，这些器物坑是不同时期礼仪献祭活动产生的结果。其中，三星堆地点的八个器物坑大多出土极其丰富的器物，其中铜器、金器、玉器尤多，还有大量象牙等。这些器物无疑代表了当时社会最高阶层的祭祀礼仪，同时也反映了当时社会上层的巨大财富。

K1和K2被发现、发掘后不久，发掘者即在K1的发掘简报中提出为坑中器物是燎祭的结果，这一观点颇有见地。器物遭到焚烧，坑中有焚烧后的碎骨和灰烬，这些确实指向燎祭。此外，一些青铜器中装有海贝似乎也说明它们的用途在于献祭[59]。许多器物遭到有意打砸、毁坏的现象也提供了证据[60]。K2的发掘简报指出，坑中出土的刻纹玉璋上的图案应是祭祀礼仪的反映；同时，器物按类别、有规律地顺序投放，也反映出掩埋是有目的而不是盲目的；报告还强调，人头像、面具、树等青铜器以及玉器也是献祭品[61]。之后，又指出许多器物上都涂有红彩和黑彩的现象[62]。在人类社会中，通过打砸、焚烧等手段使俗世的器物进入神鬼的世界，为神鬼所享用，是屡见不鲜的现象。基于这些原因，将器物坑认定为掩埋祭祀活动用品的祭祀坑是一个有理有据的推论。但同时必须指出，目前的证据无法确定这一类祭祀活动的准确目的及其祭祀对象。

但是，并非所有学者都同意K1、K2是祭祀坑，转而提出很多质疑和其他解说，普遍见于许多文章。在此不一一引文，仅列举主要观点并加以评论。

· 质疑：三星堆地区的生产力是否能够支撑如此奢侈浪费的祭祀活动？

这个疑问基于一个错误的前提，即此类祭祀活动是常例祭祀，但事实或许并非如此。这类耗费巨大的祭祀恐怕只会在重大时刻，或许是灾难性的时刻，才会举行。在那种情形下的祭祀活动应该是不计成本的。

· 质疑：损毁并填埋那些费时费力制造的珍贵器物的行为异常荒谬。

将损毁和焚烧视为消极的破坏行为，是基于现代的思维方式。但是，如果此类"破坏"

行为的象征意义在于转化器物的属性，以使其被神鬼所接受，那么三星堆地区的古人不会认为损毁和焚烧是破坏行为。

· 质疑：由于安阳并无类似祭祀活动，文献材料也缺乏对此类祭祀的记载；以此为据，难以认同K1、K2具有掩埋献祭器物的性质。

这一观点忽视了三星堆文化和中原文化间的根本差异。安阳的现象不能直接用于具体解释三星堆器物坑所代表的祭祀行为。

· 质疑：人像、人头像等铜像代表了社会上层的成员，为何被用来替代人牲，成为祭品？

现有证据不足以提供确凿答案，但是通过考察青铜造像之间的关系，仍可找到一些线索。我们可以首先注意到，这些铜像作为祭祀用品的最终结果不一定是其唯一的功能。如果青铜大立人像代表一个人而不是神，那么其华丽的帽冠、服饰及高耸的基座显然代表了此人尊贵的地位（图19）。没有任何证据表明大立人来自异族，而应该是三星堆本地上层社会的领袖人物。大立人双手呈现了献祭的姿态，原来可能手持一根象牙。或许这一造像并非是单独某人的肖像，而代表了整个统治阶层，通过呈献祭品的动作，向神鬼献祭。这可能才是大立人的常态功能。这类铜像当时是否也供一般民众膜拜，我们不得而知。

将铜像视为真人替身的观点有助于解释其最终的祭祀用途，以及祭祀坑中缺少人类遗骸的现象。铜像均发现于祭祀坑，所以它们本身也是祭品。或许在某些危急时刻，三星堆的祭祀仪式不仅需要奉献祭品，还需要牺牲献祭者。这一祭祀活动中的铜像，或许象征性地代表了社会统治阶层的自我献身，以此平息神怒或祈求神佑。在三星堆，神的力量或许与掌控自然现象有关，比如洪水、地震等。如果人像和人头像的功能的确是用来代表统治阶层的自我牺牲，那么这一祭祀活动的性质与商王朝的祭祀迥然不同。安阳地区有人祭、人殉，通过埋葬情况判断，死者地位等级一般不高，或为平民或为战俘，如同牲畜般被献祭。

对器物坑性质的其他解说，主要有以下几种：①器物坑大概与"厌胜"巫术有关，废弃不再具有法力的偶像和器具。但为何废弃品中包括了并非属于偶像和器具的象牙和海贝等大量珍贵物品？②器物坑为贮藏，以备将来重新挖出使用。但为何打砸、焚烧留待以后取用的器物？③亡国的直接结果，坑中填埋的器物要么是入侵者弃置的，要么被战败者自己摧毁和抛

图19 K2出土青铜大立人像，K2(2):149，150。通高2.608米

弃。坑中器物明显地代表了巨大的财富，为何入侵者会予以摒弃，尤其是可以回炉、循环使用的青铜材料？如前所述，K1很可能早于K2。若此，三星堆不仅一次亡国，而且二次亡国时居然记得前次掩埋的位置，并精心挖制朝向一致的土坑。④同一王朝政权中，后朝视前朝神庙遗物为不祥而予以废弃。我们必须明了，周期性的活动不能脱离经济环境，与经济资源紧密相关。前文指出坑中器物明显地代表了巨大的财富，而对不祥青铜器最彻底的摧毁方法应该是完全熔掉，回收原料以作他用。对贵金属的重复、循环使用在人类历史上屡见不鲜。⑤当地社会的信仰习俗要求定期破坏并重建神庙。这一解释实际上正是把器物坑视为祭祀埋藏的场所，但设想了一种具体的习俗，而且以破坏为主旨，那么也就难以摆脱前述经济层面的考虑。⑥两个掌握三星堆王国权力的贵族集团的内部冲突造成的后果。前述针对③④⑤的疑虑同样适合这一观点。

以上对迄今为止学者们所提出的三星堆K1、K2两座器物坑性质的观点作出简单陈述和评论。所有那些观点都没有将K1、K2宽泛地定义为祭祀坑的观点更有说服力。宽泛的祭祀坑定义在总体上也应该适用于新近发现的六个器物坑，而且它可以允许我们为将来的发现、研究留出广阔的余地。在此当再次指出，目前所有的证据无法确定三星堆祭祀活动的准确目的及其祭祀对象，但毫无疑问的是，使用长方形或正方形竖穴土坑来掩埋某种信仰行为造成的结果是三星堆遗址第二期以来长期存在的一种习俗。而到了K1所代表的时代，这种习俗进入了具有相当高度的层面，至今令人震撼不已。

王方、冉宏林、江章华、朱章义、李明斌、张昌平、赵昊、唐飞、唐际根、徐斐宏、颜劲松（按姓氏笔画）惠于审阅本稿，提出宝贵意见，特此鸣谢。文中错误全由笔者负责。

## 注释

[1] 学术界和大众传媒通常采用1929年作为燕家院子首次发现的年份，但据笔者研究，该年份是错误的，确凿年份应该是1927年。有关辨正，请参看许杰：《四川广汉月亮湾出土玉石器探析》，《四川文物》2006年第5期。

[2] David C. Graham（葛维汉），"A Preliminary Report of the Hanchow Excavation（汉州发掘简报），" *Journal of the West China Border Research Society*（《华西边疆研究学会学报》）第6卷（1934年），第114—131页。该报告有中译本，见沈允宁译：《汉州（广汉）发掘简报》，载李绍明、周蜀蓉选编：《葛维汉民族学考古学论著》，成都：巴蜀书社，2004年，第176—198页。

[3] 两个器物坑的正式发掘报告为四川省文物考古研究所编：《三星堆祭祀坑》，北京：文物出版社，1999年。本文引用这两个器物坑资料而不加注释之处，都来自该报告。正式报告发表以前，尚有发掘简报，分别为：四川省文物管理委员会、四川省文物考古研究所、四川省广汉县文化局：《广汉三星堆遗址一号祭祀坑发掘简报》，《文物》1987年第10期；四川省文物管理委员会、四川省文物考古研究所、广汉市文化局、文管所：《广汉三星堆遗址二号祭祀坑发掘简报》，《文物》1989年第5期。

[4] 四川省文物考古研究所编：《三星堆祭祀坑》，第12页。但是据肖天进、敖天照、刘家胜、包育智《三星堆发现发掘始末》（成都：四川人民出版社，2001年，第31页），1984年在鸭子河畔、月亮湾以北不远处西泉坎台地的田野工作揭示该地的土梁埂可能是人工堆积；之后，在年末，在西泉坎以南、月亮湾以东的真武村，该处的土梁埂经试掘解剖被证实为人工修筑的城墙。这一记载的可靠性有待确定。

[5] 据四川省文物考古研究院2022年6月13日的最新发布，紧邻八个器物坑还存在一处面积超过80平方米的建筑遗迹（F1），而F1周围可能存在着小型祭祀坑；见三星堆博物馆，"三星堆遗址考古发掘阶段性成果今日发布，" 2022年6月13日：https://mp.weixin.qq.com/s/xsVYBj6PJox4BEWEyX4wA。

[6] 这一数据来自三星堆博物馆，"三星堆遗址考古发掘阶段性成果今日发布。"

[7] 迄今对这一课题最为详细的论述为施劲松：《三星堆器物坑的再审视》，《考古学报》2004年第2期；孙华：《三星堆器物坑的埋藏问题——埋藏年代、性质、主人和背景》，《南方民族考古》（第九辑），2013年，第9—53页。

[8] Daniel S. Dye（戴谦和），"Some ancient circles, squares, angles and curves in earth and in stone in Szech wan, China（中国四川的一些古代陶制和石制圆形、方形、边角形和弧形器），" *Journal of the West China Border Research Society*（《华西边疆研究学会学报》）第4卷（1930—1931年），

第97—105页；David C. Graham（葛维汉）."A Preliminary Report of the Hanchow Excavation（汉州发掘简报）". 有的估计发现了三四百件器物，见冯汉骥、童恩正：《记广汉出土的玉石器》，《文物》1979年第2期；《四川大学学报》1979年第1期。但该文并未给出这一推测的依据。戴谦和1930—1931年文、葛维汉1934年报告及林名均《广汉古代遗物之发现及其发掘》（《说文月刊》重庆版，1942年第3卷第7期）均未给出确切的总数，仅提到数量上百件。

[9] 详见葛维汉1934年报告。葛维汉发掘工作的主要助手林名均所记录的数量与此有所不同，说坑中出土的器物仅有两件玉璋残件和一些石璧碎片。见林名均《广汉古代遗物之发现及其发掘》。

[10] 林名均《广汉古代遗物之发现及其发掘》、郑德坤《四川古代文化史》（西南联合大学博物馆丛书系列第一本，成都，1946年），第33页。这次发掘总共出土了600余件玉器、石器和陶器，不过绝大多数是残陶片。

[11] 冯汉骥、童恩正：《记广汉出土的玉石器》；敖天照、刘雨涛：《广汉三星堆考古记略》，载李绍明、林向、徐南洲主编：《巴蜀历史、民族、考古、文化》，成都：巴蜀书社，1991年，第332页；四川省文物考古研究所编：《三星堆祭祀坑》，第15页，注12。

[12] 敖天照、刘雨涛：《广汉三星堆考古记略》，332页；肖天进、敖天照、刘家胜、包育智：《三星堆发现发掘始末》，第24页。

[13] 四川省文物考古研究所编：《三星堆祭祀坑》，第12页。

[14] 四川省文物考古研究所三星堆工作站、广汉市文物管理所：《三星堆遗址真武仓包包祭祀坑调查简报》，载四川省文物考古研究所编：《四川考古报告集》，北京：文物出版社，1998年，第78—90页。

[15] 赵殿增：《人神交往的途径——三星堆文物研究》，载四川省文物考古研究所编：《四川考古论文集》，北京：文物出版社，1996年，第93页。玉石器的具体种类和数量至今尚未发表。

[16] 四川省文物考古研究院、上海大学文学院：《三星堆遗址三号祭祀坑出土铜顶尊跪坐人像》，《四川文物》2021年第3期；三星堆遗址祭祀区考古工作队：《四川广汉三星堆遗址祭祀区》，《考古》2022年第7期。两者发布的数据略有不同，本文采用后者为准。

[17] 三星堆遗址祭祀区考古工作队：《四川广汉三星堆遗址祭祀区》，《考古》2022年第7期。

[18] 四川省文物考古研究院、国家文物局考古研究中心与北京大学考古文博学院考古年代学联合实验室：《四川广汉三星堆遗址四号祭祀坑的碳十四年代研究》，《四川文物》2021年第2期；四川省文物考古研究院：《三星堆遗址四号祭祀坑出土铜扭头跪坐人像》，《四川文物》2021年第4期；三星堆遗址祭祀区考古工作队：《四川广汉三星堆遗址祭祀区》，《考古》2022年第7期。三篇报告中数据有不同者，采用最后者为准。

[19] 成都商报：《重磅！三星堆最新考古大发现！》，2021年9月9日：https://mp.weixin.qq.com/s/AF2BSVn0A1gIgRDeMDsPKw。

[20] 三星堆博物馆：《三星堆遗址考古发掘阶段性成果今日发布》。

[21] 国家文物局：《三星堆遗址祭祀区三、四号坑阶段性重大考古成果发布》，2021年9月9日：https://mp.weixin.qq.com/s/WWrCnqPVYV5FLoUC_IC3A。

[22] 四川省文物考古研究院、四川大学考古文博学院、成都文物考古研究院：《三星堆遗址祭祀区五号坑出土金面具》，《四川文物》2022年第2期；三星堆遗址祭祀区考古工作队：《四川广汉三星堆遗址祭祀区》，《考古》2022年第7期。两者发布的数据略有不同，本文采用后者为准。

[23] 三星堆遗址祭祀区考古工作队：《四川广汉三星堆遗址祭祀区》，《考古》2022年第7期。

[24] 三星堆遗址祭祀区考古工作队：《四川广汉三星堆遗址祭祀区》，《考古》2022年第7期。

[25] 国家文物局，"三星堆遗址祭祀区三、四号坑阶段性重大考古成果发布。"

[26] 新华社：《三星堆新发现6个"祭祀坑"出土重要文物千余件》，2021年5月28日：https://www.toutiao.com/i6967333122815820296/?tt_from=weixin&utm_campaign=client_share&wxshare_count=1&timestamp=1622460612&app=news_article&utm_source=weixin&utm_medium=toutiao_ios&use_new_style=1&req_id=202105311930120102122020932A11011E&share_token=6DE35C8E-8562-4B70-9C99-1753006D7CE5&group_id=6967333122815820296。

[27]、[28] 三星堆遗址祭祀区考古工作队：《四川广汉三星堆遗址祭祀区》，《考古》2022年第7期。

[29] 国家文物局：《三星堆遗址祭祀区三、四号坑阶段性重大考古成果发布》。

[30]、[31]、[32] 三星堆遗址祭祀区考古工作队：《四川广汉三星堆遗址祭祀区》，《考古》2022年第7期。

[33] 敖天照、王有鹏：《四川广汉出土商代玉器》，《文物》1980年第9期。本文对4件器物的定名与该简报中的定名有所不同。实际上该简报并未提及器物出土背景为土坑，但四川省文物考古研究所三星堆工作站、广汉市文物管理所《三星堆遗址真武仓包包祭祀坑调查简报》和赵殿增《人神交往的途径——三星堆文物研究》，二文均指明出土背景为一土坑。可惜土坑形状不明。

[34] 赵紫科：《盐亭县出土古代石璧》，《四川文物》1991年第5期；赵殿增：《绵阳文物考古札记》，《四川文物》1991年第5期；赵殿增《人神交往的途径——三星堆文物研究》。

[35] 敖天照、王有鹏：《四川广汉出土商代玉器》；四川省文物考古研究所三星堆工作站、广汉市文物管理所：《三星堆遗址真武仓包包祭祀坑调查简报》，第88—89页。

[36] 1980—1981年和1982年在三星堆地区的两次考古发掘首次为三星堆遗址建立了一套全面的地层分类和分期，将遗址遗存分为四期，发表于正式发掘报告：四川省文物管理委员会、四川省博物馆、广汉县文化馆《广汉三星堆遗址》，《考古学报》1987年第2期；报告中第249页提到1982年的发掘。因其重要意义，多年来考古学者们相继提出了一些不同意见，并多次尝试修正这一分期断代说。就本项研究而言，四期说提供了足够的时间框架。四期的绝对年代依据器物类型和碳十四数据推断为距今4700年延续到3000年左右，即从新石器时代晚期至相当于中原商末周初时期。见四川省文物管理委员会、四川省博物馆、广汉县文化馆《广汉三星堆遗址》，四川省文物管理委员会、四川省文物考古研究所、四川省广汉县文化局：《广汉三星堆遗址一号祭祀坑发掘简报》，赵殿增《巴蜀文化几个问题的探讨》（《文物》1987年第10期）。四川省文物考古研究所编：《三星堆祭祀坑》总结了四期的陶器类型（第424—427页）。目前，更多的碳十四数据进一步减少了放射性碳测定过程中的误差，为三星堆遗址提出了一个更为清晰合理的绝对年代范围：公元前第三千纪早期至公元前1000年左右；第一期与第二期间的分界约为公元前2000年。器型间的关系帮助大致确定了其他三个时期的年代跨度：第二期，公元前第二千纪上半叶；第三与第四期，公元前第二千纪下半叶。第三与第四期之间的分期被大致划定在公元前1200年左右；很大程度上，第三与第四期的界限主要是以K1和K2出土青铜器以及玉石器的风格差异为依据的。有关三星堆遗址分期、断代的详细讨论，请参阅英文拙著:Jay Xu（许杰），"Defining the archaeological cultures at the Sanxingdui site（定义三星堆遗址的考古学文化），" *Journal of East Asian Archaeology*（《东亚考古学刊》），2003年第5卷第1—4期；

Jay Xu（许杰），"Chapter 2 Section 2: Stratigraphy, pottery typology, periodization, and absolute date（第二章第二节：地层、陶器类型、分期与绝对年代），""The Sanxingdui Site: Art and Archaeology（三星堆遗址：艺术与考古），"PhD dissertation at Princeton University（普林斯顿大学博士论文），2008年，第28—38页。

[37] 可惜1963年的发掘从未发表报告。对于该次发掘的首次简要记述，见宋治民：《关于蜀文化的几个问题》，《考古与文物》1983年第2期；宋治民：《从三星堆的新发现看早期蜀文化》，载李绍明、林向、徐南洲主编《巴蜀历史、民族、考古、文化》，第209—213页。较为详细的材料见马继贤：《广汉月亮湾遗址发掘追记》，《南方民族考古》1992年第5期。最近发表的回忆见宋治民：《1963年广汉月亮湾遗址发掘的回忆——纪念四川大学考古专业创建五十周年》，《四川文物》2010年第4期。1980—1981年资料见四川省文物管理委员会、四川省博物馆、广汉县文化馆《广汉三星堆遗址》。

[38] 当然1927年月亮湾坑的器物多有散失，是否原来藏有玉石戈不得而知。但当年和以后征集的玉石器中俱无戈这一器类。

[39] 2021年2月在麻秧坑附近的张家坝发现了一处三星堆文化时期的重要遗址，据报道发现了房基、灰坑、墙体，遗物包括石璧、陶罐、陶豆、鸟头形勺把等，与三星堆文化二、三期文化面貌一致。这是目前涪江流域发现的一处三星堆文化时期大型聚落遗址。报道见澎湃新闻网站：《四川盐亭发现三星堆文化时期大型聚落遗址，距今约3600年》，2021年2月23日：http://m.thepaper.cn/uc.jsp?contid=11427420。该报道还指出2019年曾对附近的麻秧坑做过重新调查。

[40] 赵殿增：《人神交往的途径——三星堆文物研究》，第93页。

[41] 相关研究文章不胜枚举，在此仅列举发表较早、判断确切的几例。Robert W. Bagley（贝格立），"Sacrificial Pits of the Shang Period at Sanxingdui in Guanghan county, Sichuan province（四川省广汉县三星堆商代祭祀坑），"*Arts Asiatiques*（《亚洲艺术》）第43期（1988年），第78—86页。Robert W. Bagley（贝格立），"A Shang City in Sichuan Province（四川商城），"*Orientations*（《东方》）1990年11月，第52—67页；此文有中译文，雷雨、罗亚平译：《四川商城》，载李绍明、林向、赵殿增主编：《三星堆与巴蜀文化》，成都：巴蜀书社，1993年，第69—75页。四川省文物考古研究所编《三星堆祭祀坑》，第428—431页。

[42] 本作者对人头像的分类与考古报告（四川省文物考古研究所编《三星堆祭祀坑》）的分类有所不同。

[43] 有关三星堆遗址各单位出土牙璋的研究，请参看Jay Xu（许杰）："Chapter 7 Section 7.1.1.5: Forked blades（第七章第1节1.5小节：牙璋）""The Sanxingdui Site：Art and Archaeology（三星堆遗址：艺术与考古）"，第197—204页。新近论文有冉宏林：《试析三星堆祭祀坑出土刀形端刃器的制作年代》，《中国文化研究》2021年夏之卷，第40—50页。

[44] 这里的论述不排斥K2器物群中有的与K1器物具有相同风格或同时制作。某些器类，尤其是玉石器的风格演变相对缓慢，而且年代晚的埋藏收入早期器物也是常事。

[45] K6木箱下面有灰烬堆积，但坑中遗物很少。

[46] 川观新闻网站：《三星堆深度① | 众多"国之重器"为何掩埋于此？疑是神庙失火倒塌后就地掩埋》，2021年9月10日，引用冉宏林的观点：https://cbgc.scol.com.cn/news/2003987?from=iosapp&appid=cbgc&subject_type=5&subject_id=1274。

[47] 三星堆遗址祭祀区考古工作队：《四川广汉三星堆遗址祭祀区》，《考古》2022年第7期，第31—32页。

[48] 据中央电视台第十频道（科教频道）播放的《探秘三星堆》纪录片第八集报道，K7几乎没有灰烬层。

[49] 四川省文物考古研究院、上海大学文学院：《三星堆遗址三号祭祀坑出土铜顶尊跪坐人像》；王仁湘：《三星堆遗址铜顶尊跪坐人像观瞻小记》，《四川文物》2021年第3期。此外，《探秘三星堆》纪录片第七至十集介绍了最新发掘成果和观察，即认为，K3很可能与K2同时。另外据悉，有K2出土的青铜残件能够与K3出土器拼合；详情有待发表。

[50]《探秘三星堆》第七集中提出K8和K3中的青铜器部件有可能属于同一器物。

[51] 新华社：《三星堆鸟足曲身顶尊神像3000年后"合璧"》，新华网，2022年6月16日：http://www.news.cn/culture/20220617/9041ead082984a44ae2237ba99fe2167/c.html。最后认定尚有待正式报告。

[52]《三星堆最后"盲盒"揭盖：象牙、玉器琳琅满目》，《扬子晚报》2021年9月11日：https://mparticle.uc.cn/article.html?uc_param_str=frdnsnpfvepcntnwprdsssktt&client=ucweb&wm_id=bc2cfa4dc9c84da786850e80899e2d68&title_type=1&pagetype=share&app=uc-iflow&btifl=100&wm_cid=4430967514742251528&wm_aid=6e257246fcb78187693502ed1e4993bd&uc_share_depth=2。

[53] 四川省文物考古研究院：《三星堆遗址四号祭祀坑出土铜扭头跪坐人像》。有关扭头跪坐人像的研究，请参阅乔钢：《三星堆四号坑铜扭头跪坐人像功能与身份初识》，《中华文化论坛》2021年第6期。

[54] 四川省文物考古研究院、国家文物局考古研究中心与北京大学考古文博学院考古年代学联合实验室：《四川广汉三星堆遗址四号祭祀坑的碳十四年代研究》。

[55] 有关三星堆遗址碳十四测年的详细数据及其讨论，请参看Jay Xu（许杰），"Chapter 2 Section 2: Stratigraphy, pottery typology, periodization, and absolute date（第二章第二节：地层、陶器类型、分期与绝对年代）"，"The Sanxingdui Site: Art and Archaeology（三星堆遗址：艺术与考古）"，第36—38页。

[56] 吴小红：《用高科技解读历史——叩问三星堆埋藏坑的年代》，文博中国，2022年6月23日：https://mp.weixin.qq.com/s/c1k38Si0ZeNditnM_sXZzg。

[57] 有关三星堆器物坑的性质的最近讨论，请参阅唐际根：《"祭祀坑"还是"灭国坑"：三星堆考古背后的观点博弈》，《美成在久》2021年第3期。

[58] 陈显丹：《论广汉三星堆遗址的性质》，《四川文物》1988年第4期。

[59] 四川省文物管理委员会、四川省文物考古研究所、四川省广汉县文化局：《广汉三星堆遗址一号祭祀坑发掘简报》。该报告还试图通过将三星堆的祭祀活动与已知的中原地区商代安阳的祭祀活动进行比较，来证实这一思路。例如，报告引证安阳祭祀中的人祭，认为三星堆的青铜头像是人祭的代用品。

[60] 陈显丹、陈德安：《试析三星堆遗址商代一号坑的性质及有关问题》，《四川文物》1987年第4期。

[61] 四川省文物管理委员会、四川省文物考古研究所、广汉市文化局文管所：《广汉三星堆遗址二号祭祀坑发掘简报》第19页。笔者赞同发掘者将器物坑认定为祭祀坑的观点，但不一定同意其有关祭祀目的和对象的解说。

[62] 陈显丹：《三星堆一、二号坑几个问题的研究》，《四川文物》1989年《广汉三星堆遗址研究专辑》，第12页。

# 考古进行时
## ——三星堆遗址三号祭祀坑新观察

※ 李明斌

上海大学博物馆馆长
上海大学特聘教授

何为三星堆？这个中国长江上游一处极为知名、引发世人无数想象的考古遗址，自从 20 世纪 20 年代末在燕家院子发现玉石坑以来，已然演变成一个受到学界和公众高度关注的"网红"之地了。

## 一、缘起三星堆

也许是机缘巧合，1994 年从四川大学考古专业研究生毕业后，我在成都考古文博业务圈工作了 25 年，其间或从研究兴趣或从工作所需，断断续续和三星堆这个四川考古的"圣地"发生关联。

2019 年 11 月初，我"千里单骑"到上海大学就职，在新的工作环境里，努力学习领会江南文化、海派文化的全新知识之际，也许是乡愁加专业惯性使然，常思考着如何建立起长江头和长江尾早期文明的某种联系。

待上海大学博物馆配置了展览的基本设备后，我就联合办展一事主动联系三星堆和金沙的博物馆同仁，迅速得到了肯定而热情的回复。同时，三星堆博物馆同仁根据展厅面积，提供了珍贵文物占比非常之高的展品清单。

展览随即进入专业操作流程。经过两个月的筹备，"三星堆：人与神的世界"特展在上海大学博物馆顺利开幕。随后，同事和上大文博专硕的同学们自主策划实施了许多社教和推广活动，在校园基本处于封闭管理的冬季学期到寒假之前，超 200 万人次参与线上线下相关主题活动。

与此同时，三星堆新一轮的考古发掘在 2021 年元旦节后全面铺开。四川省文物考古研究院联合北京大学、四川大学、上海大学，共同参与考古发掘和出土文物现场提取及应急保护。上海大学整合历史系、文化遗产保护基础科学研究院和博物馆等业务部门，组建工作小组，陆续派出考古、文物保护教师和博士、硕士研究生等精锐力量，全力参加文物最先露头的三号坑的考古发掘、文物提取及应急保护。

## 二、考古"梦工厂"

三星堆发掘现场根据祭祀坑的数量和相对位置分布情况，在一个近2000平方米的考古大棚内，由北向南先后搭建了四个"连体"玻璃房子，名为"考古发掘舱"。

四个考古发掘舱完全罩住本次新发现的六个祭祀坑，对应四家发掘实体单位，空间既相对独立，又以可开闭推拉门连通，体现了分合有度、互通有无的工作理念。

考古人身穿连体防护服，走进相对封闭的发掘舱，我将其称为"考古梦工厂"，这是年轻人实现考古梦的绝佳之地。

考古发掘舱是一个十几平方米的玻璃房子，整体由钢架和玻璃构成，远远看去，房子通透而有张力；房内则有纵横的桁架，或根据作业面大小、空间的开敞程度，加装可升降的发掘小平台，平台底板开有40厘米见方可盖合操作口，便于非接触式清理；房子内还有独立的空调系统，一排整齐的圆形出风口，保障着室内相对稳定的温度和湿度，而这对于脆弱质文物，如象牙和可能出现的丝绸、纺织物、漆木器等的现场提取和应急保护，毫无疑问，具有关键作用；同时，两层物理空间的存在，对以往要看天作业的田野考古而言，又多了一层全天候发掘和现场保护的保障。

上大考古新青年

身着连体防护服的年轻身影，在考古发掘舱内灯光的照耀下，按工种和工序紧张地忙碌着。这次精细化、精准性发掘，分为发掘组、记录组、摄影组、摄像组、测绘组、采样组、文保组等，配合高效，忙而不乱，有效保证了各项工作的顺利推进。

在考古大棚内东北侧，则是约150平方米、呈曲尺形布局的考古发掘现场应急保护集成平台：应急检测分析室、有机质文物应急保护室、无机质文物应急保护室、微痕物应急保护室、文保工作室、考古工作室等，内置各种仪器设备，此种保护环节前移的理念和实践，与考古发掘舱形成了一个完整的发掘、保护工作体系。

联合国内考古、文物保护的重点或学科优势机构，就考古发掘、出土文物多学科研究、文物保护修复等方向开展联合攻关，致力于建立传统考古、实验室考古、科技考古、文物保护多学科深度融合集成体系，三星堆祭祀区考古发掘工作模式逐渐成型。中国社会科学院学部委员、中国考古学会理事长王巍先生倡议国内高等级墓葬等的发掘，可参考三星堆祭祀区的发掘舱做法。

## 三、三号坑秘宝

三星堆祭祀区2021年春季发掘，始于农历辛丑年正月初十，阳历2月21日，此时，金黄色的油菜花迎来了最繁盛的花期。花丛掩映下，北大、川大、上大三家大学参与人员先后成建制抵达现场，开启以出土文物清理和应急保护为重点的考古工作。

一场高端的文保专家会诊会将本发掘季工作推向高点。3月上旬，针对祭祀区现场清理出越来越多象牙的情况，荆州文保中心研究馆员吴顺清先生和四川文物保护领域的资深专家马家郁先生等专家云集，重点就三、四号坑的发掘方法和文物提取等关键问题与发掘舱负责人进行专题讨论。

8K高清画质的远程大屏幕"明察秋毫"，充分彰显了现代科技手段在考古现场判断上发挥的强大作用。会诊明确，三号坑水平发掘完本层10厘米层后，调整发掘方式，随着器物外形直接清理周边填土，充分显露器物轮廓和细节；四号坑持续对象牙层核对细节和绘制线图。

直播前夕，露头器物最多、类别最丰富的三号坑，明显加快了清理进度。舱内各工种人员一度超20人，坑里坑外穿连体防护服的工作者忙成一片。而与此同时，由于器物不断出现、逐渐连成一片，坑内可站人的地方越来越少、面积越来越小，有的小区域往往工作人员不得不跪在一小块泡沫垫子上，清理，找边，最大化清出器物的轮廓和细部，同时一袋一袋往外装土、递土，十分消耗体力，因此，不得不采用"车轮战术"，由两到三个人轮流对一处器物进行清理，还得务必保证清理工作的规范和安全，真可谓"螺蛳壳里做道场"、器物坑里"跳芭蕾"。

一通紧张而有序的忙碌，三号坑坑口下大约 1.7 米的层面出现了颇有当年二号坑器物"盛况"的情形：青铜和象牙两类器物，密集而有叠压，又似乎有分组地分布着。由北向南，最北端有圆口青铜尊、罍和方口尊，能辨出至少 5 件；东南紧临则是一根象牙半压着一青铜头像；再南，坑的中部约 6 平方米狭小空间，20 余根象牙和青铜大面具、罍、带花蕾的神树树干以及极有可能是新器型的手型坛形器交错叠压，而张力感十足的象牙弧线和"象牙交错"堆积，有效地扩张、延展了"画面"效果，整个场面极具视觉冲击力；最让人惊喜的是，在坑的西南部，一件"新组装"的青铜尊东西横陈，器物被击破，肩部有一牛角、虎首衔环、龙身、卷尾组合动物造型，头部朝器物下方。而罕见的平板器底东侧大约 3 厘米之隔，

即将提取的青铜器

一双左手压右手，东向作行礼状的"拱手"，手指纤细窄长，指甲刻画十分逼真，在亮绿的青铜氧化色下，格外招人眼球。整体造型和 1986 年出土的青铜大立人手型迥异，或为三星堆手崇拜的另一形制。"拱手"和"新组装"青铜尊是不是一体的？有待下一步清理的证实或证误。

到 3 月直播前夕，三号坑第一层器物上填土全部清理完毕，累计出土象牙 127 根、青铜器 109 件、玉石 8 件，极具科幻感的高精度扫描随即展开。

又经过四个月的忙碌，三号坑在 7 月提取超百件器物后，多处可见坑底土层，预示着三号坑的考古发掘和器物提取已接近尾声：

继坑中部的尺寸最大的青铜大面具出坑后，两次直播频频出镜的、位于坑南端的青铜顶尊跪坐人像也顺利提取；周边青铜人头像、面具、眼形

器、蛇等器物的填土，已大多清理完毕，从操作流程判断，这些器物的提取当是下一步的工作重点。坑中部的青铜顶坛像由于附近的器物已提取较多、生土层可见而显得格外醒目。目前，坑底北部的器物还留存较多，青铜方尊、罍、太阳轮形器和面具等较大体量的器物，横陈于众多小型器物或目前还不能完全确认器物全貌的残件之上；特别是坑东北部灰烬堆积里，夹杂更多更小件的器物，现场清理或提取势必更耗时耗力，或许整体套箱进实验室，不失为一种有效的方法。坑内新发现玉琮、玉器座，外壁刻画非常有意思的纹饰，器物与纹饰的跨文化组合，尤显特别重要。

上海大学文保科研团队的"秘密武器"

## 四、上大"秘密武器"

如果说祭祀坑填土的全部采集，是为了保存、提取更多的历史信息，那么，坑内的每一件文物所保留的历史信息无疑是更加丰富、更加让人瞩目的。然而，基于已出土文物埋藏情况的复杂性，如何最大化、最优化地保护、提取每一件珍贵文物？这一"触及灵魂"的难题，让现场的文保人员不得不采取十分审慎的态度。

作为有机质文物的象牙，提取难度远高于直播时成功提取的青铜器。127根盘根错节的象牙如何从三号坑提取出土？从2—3天提取一根象牙，到平均1天两根象牙，上海大学提速背后有何"秘密武器"？

象牙的提取有两步至关重要：一是对和象牙有叠压关系的其他器物的完全清理，确保在象牙提取时，不会对关联器物带来不可逆的损伤。这一点，可通过仔细的、较长时间的清理做到；二是象牙提取前的临时加固，这种加固材料应是临时、无损、无污染和可逆的，应无碍于对进入实验后象牙的分析检测、色泽保持和结构稳固等保护修复工作。

在以往对古蜀文明遗址出土象牙进行保护时，曾尝试过使用黏合胶稳定结构和硅胶整体封护等办法，效果都不尽如人意。但象牙如较长时间脱离原埋藏环境暴露在外，存在着不利于今后长期保存的风险，促使现场要尽快做出判断并行动起来。

上海大学文保科研团队提出了工作方案：以薄荷醇为主体的可挥发临时固型材料和微环境控制材料在考古发掘现场的应用，其有效性、对文物、操作人员和环境的安全性、可去除性等，都已得到大量实例验证。

经现场研究交流，并按工作流程会商确认后，正式开始了象牙的提取。到4月底，第一层象牙提取完成，对其周边的填土进行清理后，再对全坑进行扫描，继续实施象牙提取。工作节奏也由最初的2—3天提取一根象牙，到平均1天两根象牙的提取速度。

象牙在南北地域的功用之别，分析背后的原因，也许和当时、当地大象数量多寡、礼制有异、礼器组合不同有密切关联。但分别位于长江上游的三星堆遗址、金沙遗址和长江中游的叶家山曾国墓地都出土有完整象牙，说明商周时期的长江流域，至少是中上游流域，用完整象牙祭祀或随葬已是一种文化共性，这种共性应来自更早的龙山时代的石家河文化和宝墩文化经由长江这一天然通道的交流和互鉴。

## 五、考古新青年

舱内舱外虽仅隔着一层玻璃，但仿佛隔着两个时空维度（拍摄：李明斌）

我在发掘现场期间，几乎每次都见到以下场景：舱内，着防护服的年轻身影一派忙碌，考古发掘、信息记录、器物提取等工作，按操作规程和实施方案有条不紊展开；舱外，少则数人、多则十数人，在三星堆博物馆讲解员的带领下，小心翼翼地穿行在参观步道上，驻足于发掘舱外，隔着玻璃瞪大眼睛，注视着里面的一举一动，生怕漏了可能遇着文物出土时的细节，表情和动作十分生动、有趣：有弯腰撑腿的、有侧身探头的、有直立背手的、有双手握于前者、有双手交叉者……他们每一个人都随着讲解员的手势和语言，全神贯注而又敏锐地盯着舱内。

舱内舱外虽仅隔着一层玻璃，但仿佛隔着两个时空维度：舱内，考古人员与三千年前的文明以一种特殊的方式对话；舱外，参观者努力透过讲解，理解里面正发生着的、可以捕获来自三千年前的历史信息。

据四川省文物考古研究院三星堆考古研究所所长冉宏林博士介绍，参加本轮祭祀区考古发掘和文物保护的工作人员有近200人，其中四分之三都是"90后"，且分布在所有关键岗位，真正是年轻人的"天下"。

古老的祭祀坑，神秘的古蜀文明，正经由年轻人之手，在现代科技手段的助力下，在强大的传播推广中，不断地呈现出原有的璀璨光芒，历史的绚丽画卷正徐徐展开，中华文明多元一体结构正越来越清晰地丰富起来。这群可敬的年轻人，在历史的机缘安排下，幸运地和三星堆相遇了；他们的专业之路，和三星堆的发掘保护、研究展示、推广利用不期相遇，这真是年轻人在年轻的季节里能遇见的最美好的事情了。

5月，是属于年轻人的。2021年青年节，特别节目"奋斗正青春"在央视黄金档播出，参与三号坑工作的上大团队代表徐斐宏、马啸、张顺利应邀和"一院三大"的其他年轻人共同参加了节目活动。这，既是褒奖，更是期待。

## 六、三星堆模式

4月下旬，成都平原初夏的味道越来越明显，各种细菌也借势滋长。好在本轮三星堆祭祀区的发掘工作，从方法和技术准备上都未雨绸缪。唐飞院长介绍，四川省文物考古研究院已联系国内知名空调供应方，就考古发掘舱内空气调节和杀菌处理尽早实施到位，提前就成都平原夏天高温湿热环境下发掘工作的精细化保障先行一步，这亦是本次考古发掘方法集成运用的又一次实践。

随着发掘工作的持续推进，科技方法的不断探索式运用，集合国内优势科研力量，在三星堆开展跨学科研究成为必然。

在祭祀区发掘现场巧遇国内智慧博物馆装备基地负责人，他应唐飞院长之邀，在发掘保护现阶段根据实际情况着眼长远，拟以科技为主导，以指南的方式整体规划三星堆考古的科技保护事宜。

本轮考古发掘启动以来，现场数据采集，已积累相当量的数据信息，随之而来的关于热、冷数据的存储方式，与之关联的信息风险的规避和信息安全的保障等问题，自然呈现在了主持单位和管理体系的面前。数据即资源，如何安全、稳妥地保存好现场各种数据信息，已引起高度重视。

本轮三星堆遗址祭祀区的考古工作，一贯坚持多学科、多团队联合，如此实施下来，定会催生新成果、新平台。来自西南、西北的科研机构拟联合运用高光谱，以前常用于博物馆环境下的器物元素扫描分析，对考古遗址现场元素扫描分析；来自华东的教学机构拟对象牙产地开展专项研究。

在大棚东北部的科技考古实验室里，出土于三号坑的青铜器表残片上附着的纺织品残留物，大概3毫米见方、纵横交错的经纬纹理清晰可辨。三星堆古蜀先民曾使用纺织物的学术推断得到实证，天府之国与丝绸之路的关系也经此发现可以追溯到三星堆文明鼎盛时期。那么，四川盆地更早的鱼凫村文化或宝墩文化，会不会有纺织物的发现？借助科技考古之力，应会告诉我们答案。

这种开放的工作理念，动态的工作机制，将最大化提取古代历史信息，有效保护各类出土文物，积极拓展研究领域，生动展示了考古学的严谨和魅力。可以肯定的是，本轮三星堆遗址祭祀区考古项目在"课题预设、文保同步"理念指导下，考古发掘和科技保护所形成的工作模式（或可称为"三星堆模式"），以及由此对学科发展产生的深远影响，将是新时代、新条件下，中国考古学发展的标志性事件。

## 七、魅力三星堆

和三星堆祭祀区发掘基本同步和遥相呼应，三星堆文物专题展首次走进高校。

"三星堆：人与神的世界"特展，于2020年11月下旬在上海大学博物馆揭幕；12月，该展图片展走进全球金融中心之一陆家嘴，东昌新村社区的三星堆图片展，引发当地居民极大兴趣，引来同行充分关注，引起上海市文物局有关负责人注意。

5月上旬，2021"上海市民文化节"之"探秘三星堆"图片展在"5.18国际博物馆日"来临前，于大沽路100号的市政大厦顺利开展。根据市文物局博物馆处安排，上海大学博物馆为本展协办单位，提供内容策划，在征得三星堆博物馆和金沙遗址博物馆负责人首肯后，提供专用于本次展示的图片和说明文字。

本场小而精的图片展，结合"午间一小时，文旅进机关"的定位，有效地延展了此前在上海大学博物馆成功举办的"三星堆：人与神的世界"

三星堆展进市政大厦
（供图：上海市文物局博物馆处）

特展的时空维度，是继进社区展之后，"高校博物馆+"展览模式的又一次有益探索。

在两周的展期里，市政大厦特别辟出展示空间，每到中午时分，在紧凑、明亮的环境下，大家驻足、交流，欣赏着展板上精美的文物图片，仔细阅读着每一段文字，一场古代文明和现代文明的对话在此生动展开。

5月18日，国际博物馆日，"博物馆的未来：新征程新作为"主题论坛召开。在国家文物局李群局长的主旨报告中，2020年上海大学博物馆"三星堆：人与神的世界"特展进陆家嘴社区，作为博物馆社会作用发挥新拓展的案例进入报告内容。这着实让人有点惊喜和意外，同时也说明了当时"高校博物馆+"新模式的探索获得了认可。

未曾预期的效应得以放大，也许是无心插柳，但三星堆文明令人无法抵御的吸引力，又一次得到证实。

## 八、解谜新钥匙

古代文明是丰富多彩的，而且很多文明还处于不断探索之中，"我们不能因为它是未知的，就认为它是外星文明，因为考古学探索的就是未知"。

古代文明从未失落，只是暂时没有被我们发现和认知而已。

虽说考古永远还有未知，永远还有惊喜，但本次三星堆考古发掘工作秉持"课题预设、保护同步、多学科融合、多团队合作"的原则，充分展现了我国新时期考古理念和考古技术的新进步、新实践。这一基于理性的分析和定位，相信随着时间的推移，会得到越来越多人的认知和认同。因为，考古是学科，更是科学。

三星堆祭祀坑的新发现，再次实证了中华文明组成的多样性。当我们换个思路看中华文明的组成时，我们会更加惊喜地发现和更加坚定地认为，亘古延绵传承至今的中华文明的丰富性、包容性和多样性，无论是时间空间，还是物质呈现，都远远超乎我们原有的想象力和知识体系。

我有理由相信，解开古蜀文明之谜已经又有了新的"钥匙"，可能这"钥匙"不是一把，而是一串。

# 后记

三星堆遗址祭祀区的第二次发掘始于 2020 年 9 月（雷雨：《再醒惊天下——三星堆遗址祭祀区的考古新发现》，载四川博物院、中创文保科技发展（北京）有限公司编：《山高水阔 长流天际——长江流域青铜文明特展》，东方出版社 2021 年版）。2020 年 11 月，"三星堆：人与神的世界"特展从巴山蜀水来到江南水乡，在上海大学博物馆成功举办。这是三星堆文物首次以专题展形式在国内高校博物馆展出，开启了上海大学与四川省文博单位在展览方面的首度合作。此后一年，上海大学师生参与了三星堆遗址祭祀区新发现祭祀坑的考古项目。

2021 年 3 月 20 日，"考古中国"重大项目工作进展会在成都举行，会上发布了三星堆遗址最新考古成果。此次三星堆新发现六个祭祀坑，发掘新方法、新技术集成运用，重要新发现引发各界高度关注。

在 2021 年初新一轮正式发掘启动后，我奉命带领上海大学考古队参与三星堆三号祭祀坑的考古发掘。因工作需要，频繁穿梭于上海和四川之间，从亲历者、考古者、观察者的视角，以纪实的笔触，记录下发掘和解读这段历史的过程，讲述本阶段三星堆考古发掘背后的故事。这些在川沪两地往返飞机上草成的文字，或可为三星堆考古史研究提供资料。

*本文节选自作者"蜀川胖概"微信公众号推文，为行文方便，有部分结构调整和少量文字修订。致谢《封面新闻》首席记者曾洁和上海大学梅海涛博士的帮助。*

# 博物馆与社区参与研究
## ——以"三星堆：人与神的世界"特展进陆家嘴东昌新村社区展为例

※ 马琳

上海大学博物馆副馆长
上海大学上海美术学院副教授

## 一、"三星堆：人与神的世界"特展进陆家嘴东昌新村

"三星堆：人与神的世界"特展进陆家嘴东昌新村社区展是上海大学博物馆首次将文献图片展和讲座直接进居民区的一个公教项目，以期充分发挥上海大学博物馆服务社区文化建设的作用。上海大学博物馆于2020年11月展出的"三星堆：人与神的世界"特展，有精品展品16件（套），展览内容分为"人间神国""以玉事神""万物有灵""文明的延续"四个单元，概览式展示了古蜀三星堆文明的青铜文化、玉文化、自然崇拜以及其与金沙文明的渊源。其中三星堆博物馆藏的青铜戴冠纵目面具、戴金面罩青铜人头像以及金沙遗址博物馆藏的太阳神鸟金饰，皆是难得一见的珍宝。该展览是长江上游古蜀文明跨越千山万水来到长三角地区的一次精彩呈现、一场文明对话。

本次社区展由上海大学博物馆联合陆家嘴社区公益基金会＋社区枢纽站、上海市浦东新区陆家嘴街道东昌居民委员会共同策划，是"三星堆：人与神的世界"特展的重要组成内容，是该特展的时空延展，是上海大学博物馆主动服务社会、服务社区的博物馆功能的具体呈现，是古代文明和现代文明的现场对话，也是弘扬中华优秀传统文化的积极实践。

社区展在陆家嘴街道东昌居民区的星梦停车棚举办，星梦停车棚是一个承载社区居民艺术梦想的地方。东昌新村是陆家嘴的一个老旧社区，以前白天低头处处有垃圾，但晚上抬头能看见星空，居民们的梦想就是能拥有一个美丽干净的生活环境，所以停车棚取名为"星梦"，寓意星空的意义，梦想的力量。这次三星堆文物（图片）展览首次走进星梦停车棚，是上海大学博物馆探索"高校博物馆＋社区"展览模式的最新举措，具有特别意义。

由于停车棚不具备展览条件，所以在展陈上如何呈现是比较有挑战的地方，也比在博物馆设计展陈困难得多。策展团队经过反复修改和讨论，放弃了通常的把图片挂在墙上的方法，在不影响小区居民停车的前提下，根据停车棚的空间特征，利用停车挡板所形成的空间为展陈动线图，在停车区域的挡板的上面，将图片以灯箱的形式从上面进行悬挂，图片在正反两面都有。每当居民推车出去或者回家停车的时候，就自然会直面上海大学博物馆"三星堆：人与神的世界"特展中的这些文献图片内容，并与它们组成可交流的机会。由于整个停车棚原来是感应灯照明，光线还是比较昏暗的，而图片灯箱上的照明直接成为停车棚的光效应，而使得这个停车棚很有特色。还有一个小细节很值得关注，上海大学博物馆馆长李明斌注意到原有的车位号码牌是简单的红色贴纸，于是根据展陈的效果换成了白色亚克力立体字的号牌，与停车棚里的挡板一起，色彩全部统一为白色和灰色对比。从而在停车棚原来微更新的基础上，因为展览视觉的要求而再微更新了一次。此次上海大学博物馆"三星堆：人与神的世界"特展进陆家嘴东昌新村活动，不仅仅是把古蜀三星堆文明搬到了社区居民家门口，也通过对话的方式参与陆家嘴的社区微更新，更加紧密地联系了博物馆与社区的关系。用"社区枢纽站"发起人、评论家王南溟的话来说就是"停车棚具有了博物馆气质"，"上海大学博物馆足以代表着一种社区'软微更新'的力量，通过博物馆学术项目的植入又产生出对星梦停车棚的'再微更新'的实践"[1]。

## 二、社会动员与居民参与

社区展没有举办开幕式，在展览当天，策展团队在星梦停车棚为社区居民做了导览，既有东昌新村小区的居民，也有附近小区的居民。策展团队希望社区的居民在听了导览后，能自发做志愿者为以后参观的观众做讲解，因此，这次导览更像是一个志愿者讲解培训。为了做好这次讲解，上海大学博物馆特别准备了一份比较通俗易懂的讲解稿，还请三星堆考古专家陈显丹教授进行了专门核对。东昌新村居委会也对社区居民进行了发动，希望有更多的志愿者能够参与。

来自东昌新村的老居民陈国兴报名做了第一位志愿者，他在认真听了策展团队的讲解后，自己又查找了很多资料，结合策展团队的讲解稿准备了一套讲解词。在随后的为期三个月的展览中，都是陈国兴带着几位志愿者在给参观的居民做讲解。随着媒体宣传的发酵，社区展的影响力越来越大，前来参观的居民也越来越多，既有小学生，也有从其他区过来的老市民。比如来自昌邑小学的八名小学生在看了展览后提出要给未能到现场的同学们分享，让他们也能了解关于三星堆的文化和艺术。

在此期间，陈国兴还做了一次特别的导览，社区展也呈现了"艺术疗愈"的功能。来自静安区的一位市民从媒体报道中得知东昌居民区正在举行三星堆图片展，特地找到东昌居民区居委会，希望能参观展览并有人讲解。当天正好陈国兴在居委会值班，于是为他做了讲解。在沟通中得知，这位市民的舅舅前段时间生病导致面容改变，眼睛向外突出，其样貌与三星堆铜戴冠纵目面具如出一辙。为了安慰家人，他希望能亲眼看看相关的展品。但上海大学博物馆因为疫情防控暂不对外开放，他无法进入上海大学观看展览，于是亲自到东昌新村星梦停车棚看展，希望通过对三星堆文化的了解能解开他家人心中的疑惑。陈国兴听了这个故事，非常感动，不但为其进行了导览，还就老年人的精神生活和文化生活与这位市民进行了交流，随后还写了一篇报道《寻找三星堆解答遗愿困惑》。这也是社区展充分体现"艺术疗愈"功能的一个典型案例。

上海大学社会学院教授耿敬一直以社区观察员的身份关注并参与这次社区展。他对社区展中的社会动员非常重视，因为如果没有社会动员和居民参与的话，社区展从某种程度上来说，就失去了博物馆与社区链接的意义，而变成了博物馆的自说自话或者说是自娱自乐。而社区动员的确是个难题，这个前提是社区居民要自愿并且对展览内容感兴趣。因此，这次社区展从一开始策划的时候就考虑到社会动员问题，并进行了有效的实践，这对于博物馆与社区来说都是一次有意义的跨学科尝试。

## 三、再从社区到博物馆

博物馆在社区的展览和公共教育活动，目的是方便社区居民在家门口就可以体验和博物馆同样品质的公共教育，让大家将来在有机会、有条件的情况下再到博物馆看展览。上海大学博物馆在这方面也做了有益的尝试，经过与陆家嘴社区基金会和东昌新村居委会的沟通，2021 年 3 月 17 日，在陆家嘴社区公益基金会秘书长张佳华的组织下，东昌新村居委会书记曹骏带队陆家嘴东昌新村老年居民来到了上海大学博物馆，观看"三星堆：人与神的世界"特展。

这时正在展出的展览已经是第二部分的内容"三星堆与当代艺术的对话"，有七位当代艺术家专门从三星堆文明中汲取灵感而创作了当代艺术作品，艺术家将面具、眼睛、神鸟等三星堆元素融入自身作品的创作当中，用装置、影像和绘画的方式与三星堆文明进行对话。这些当代艺术作品与文物在展厅一并呈现，通过展览的方式将传统与当代相连接。社区居民们通过对话展不但欣赏了三星堆的展品，也了解了当代艺术家的作品。博物馆的于群为大家进行了特别的导览。陆家嘴社区基金会还给上海大学博物馆发了一张感谢证书。

## 结语

从博物馆到社区，再从社区到博物馆，这是一个良性的发展和循环，也是美育落地的一种比较有效的方式。上海大学博物馆通过与社区的有效互动，探索了一种新的展览和公共教育模式，不仅体现出上海大学博物馆鲜明的策展理念和特色，也为探索博物馆与社区互动的方法做了有益的尝试。在当下，博物馆社区导向的管理理念已获得普遍认同，博物馆除了了解社区参与的观念之外，更重要的是思考如何落实博物馆与社区的互动关系。从某种程度上来说，社区不一定能够和博物馆建立起紧密的联系，许多人可能在博物馆户外运动，但是很少到博物馆参观。因此，博物馆和社区如何建立互动关系，既能让博物馆的资源在社区得到充分的利用，也能让社区居民在参与和互动中受益，这是博物馆和社区都需要思考的问题。

## 注释

[1] 王南溟：《上海大学博物馆对陆家嘴老旧社区的介入：从社区规划到艺术社区规划》，《画刊》2021 年第 2 期。

# 策展札记
## ——以陈列展览为抓手探索高校博物馆发展之道

※ 梅海涛
　　"三星堆：人与神的世界"特展执行策展人
　　上海大学博士研究生

　　博物馆，这一人类活动见证物的保护、研究和展示机构，自诞生以来定义和内涵不断变化。当下，博物馆的教育、传播、记忆等职能不断凸显，但在广阔的博物馆实践中，陈列展览依旧扮演着举足轻重的地位，或者说依旧是博物馆的核心业务，以高质量的展览带动博物馆工作的开展业已成为博物馆界同仁的共识。究其原因，是由于陈列展览不仅是博物馆工作的核心业务，也是综合性最强的业务工作。

　　高校是博物馆的产床，世界最早的公共博物馆——阿西莫林艺术与考古博物馆即诞生于牛津大学。无独有偶，中国人创办最早的博物馆——南通博物苑，同样也诞生于高校。高校博物馆曾经是博物馆事业的主力军，但如今的高校博物馆发展却不容乐观。我国大学对博物馆专业的重视程度明显高于博物馆建设。现有北京大学、南开大学、复旦大学、上海大学、人民大学、中央民族大学、四川大学等40余所大学开设了博物馆学专业，但其中不少大学还没有博物馆。在为数不多的高校博物馆中，大部分也默默无闻，被戏称为"养在深闺人未识"。

　　上海大学的博物馆学发展与博物馆发展呈现出齐头并进的局面，2019年，上海大学博物馆新馆建成并投入使用；同年，上海大学开始招收首届文物与博物馆专业硕士。"三星堆：人与神的世界"特展是上海大学博物馆新馆建成以来首个自主策划举办的出土文物展，也同样是一场教学实践展。上海大学博物馆希望能够通过此次展览推动博物馆藏品管理、运营开放、社教活动等博物馆业务水平的全面提升。本文将从内容设计、学生参与、结合高校优势、多渠道推广等角度总结"三星堆：人与神的世界"特展举办过程中的经验与不足，讨论高校博物馆发展的一些问题。

# 一、内容设计是高校博物馆的亮点

"三星堆：人与神的世界"特展有许多的"第一次"，它是上海大学与四川省文博单位的首度合作，是三星堆文物第一次来到上海，是三星堆展览第一次走进校园，更是上海大学博物馆第一次举办古代文物与当代艺术品并置的对话展。种种的第一次令这个展览对上海大学博物馆而言意义非凡。而这批来自长江上游的商周文物在高校博物馆与上海观众的首次见面，其中又包含着几多期许，几多殷切？

作为高校博物馆，此次展览的策展团队除了博物馆工作人员外，还包括一批前来实习的硕、博士研究生。年轻的策展团队在内容策划方面有着新的想法，传统的以器物观赏为主的展览模式并不能满足展览的需要，我们希望尽量揭开遮盖在三星堆面前的层层迷雾，向上海观众呈现一个真实的三星堆。同样，我们也希望用有限的展厅尽可能地向观众展现三星堆的风采。这一系列棘手的问题使我们这个主要由学生组成的策展团队如履薄冰。

在资料搜集与整理过程中，三星堆先民独特的生存意象与瑰丽奇幻的精神世界在为策展团队带来内容设计上的困难的同时，也令我们深深折服，尤其是这个族群非凡的艺术想象力与惊人的创造力，更是令我们惊叹不已。出土的青铜器、金器、玉石器、陶石器、卜甲、象牙……品类赅备而内涵深邃、风格特异且意匠不凡，从各个侧面向人们展现出一个文华斑斓、神秘梦幻的信仰世界——"人与神的世界"展览主题由此确立。

雄踞西南的古蜀国是中国古代中原周边地区颇具典型意义的"古国"之一，但载籍却鲜见蜀史之详载。三星堆遗址的重大考古发现在很大程度上廓清了历史迷雾的同时，也为展览带来了新的问题。一方面，信史的缺乏和显著地域政治特征及鲜明的文化特色使得三星堆遗址对大多数远在上海的观众而言熟悉而又陌生，长期以来充斥在互联网的对三星堆遗址的随意解读也在很大程度上误导着观众，使得本就神秘的古蜀历史变得更加扑朔迷离。另一方面，受限于展厅面积、硬件设备和展览预算等诸多因素，展览规模受到了严格的限制，展品材质的选择上也只好以青铜器、玉石器为主。这又在很大程度上限制了我们对本就神秘的三星堆遗址进行全方位展示与解读。

在展品组织上，尽可能选择各方面最具有代表性的展品，力图通过为数不多的典型器物，对展品的内涵进行提炼，引申总结出古蜀技术文化、审美文化的特色与宗教文化之缩影。例如将铜戴冠纵目面具、铜人头像、铜眼形器、铜人面具等展品汇聚在同一单元，集中展示三星堆先民的眼睛崇拜；将铜铃、铜兽面放置在同一组合，讲述三星堆先民对兽与自然的崇拜。

在内容解读上，我们更是慎之又慎，对绝大部分展品选用学界公认且有相对统一观点的研究成果；对无法避免的存在争议的解读，并不采用一家之言，而是将学界主流的各种解读方式全部并列陈述，向观众介绍最新、最全面的研究成果。

## 二、学生参与是高校博物馆发展的重要支撑

高校博物馆受规模的限制，在人员配备上与区域其他博物馆相比存在劣势。因此发动学生参与便成为高校博物馆发展的重要支撑。事实上，学生参与对高校博物馆有着更为深层的意义。

教育是博物馆的重要功能之一，高校更是高等教育的专门机构。高校博物馆集两者之所长，教育功能便格外突出了。因此，上海大学博物馆在展览设计之初便为其注入了教育的基因。如果说博物馆是一所"大学校"，那展览就是一个大课堂，作为教学实习的课堂。文学院2020级文物与博物馆学专业博物馆方向的硕士研究生在学院完成了系统的博物馆学知识学习后，于校博物馆开启了为期半年的实习工作，全程参与了"三星堆：人与神的世界"特展的策划与实施。从展览大纲的编写，到文物展品点交，再到展览日常开放运营、社教活动策划、公共宣传等环节，都能看到学生参与的身影。

专业学生的参与对学生和高校博物馆而言是一个双赢的过程。对专业学生而言，在高校博物馆，特别是自身所属高校的博物馆进行实习，能够获得有针对性、系统的实操训练。实习生进场之前，博物馆会与学院联合会商，针对此次实习学生制定专门的实习计划，计划对每周的实习内容和想要达成的目标都做了细致的规划，并在实习过程中一一落实。在实习生进场时，又针对不同学生的专业方向有针对性地设置实习内容，并依照自身意愿进行轮岗，极大地锻炼了学生的实践能力。

对博物馆而言，吸纳专业学生实习也令自身受益良多。一方面，高校博物馆除了是博物馆以外，同时也是高校这一高等教育机构的下属单位，因此吸纳专业学生实习是博物馆履行教育机构职能的重要一环。另一方面，专业学生的实习很大程度上缓解了高校博物馆的人员压力，也为博物馆注入了活力。放眼全国来看，高校博物馆的人员编制都是十分有限的，而专业学生实习无疑极大地为高校博物馆补充了有生力量。虽然还是学生，但大多从本科时候起就开始接受系统的文博教育，对博物馆理论基础、行业伦理道德、基本操作方法都有一定的了解，能够很快上手博物馆的相关工作。

虽然前文提及高校普遍重视博物馆学科甚于博物馆，可也并不是每所拥有博物馆的高校都拥有文博专业。事实上，上海大学博物馆的成立时间也要早于如今的上海大学文博专业。因此，在缺乏专业实习学生的时期，学生志愿者是博物馆的重要帮手，即使今天，在形成了一套相对成熟且行之有效的实习方案的情况下，学生志愿者们依旧是上海大学博物馆的重要组成部分。先于"三星堆：人与神的世界"特展一年与观众见面的上海大学博物馆基本陈列——钱伟长纪念展，与上海大学钱伟长学院、力工学院合作，吸纳了一批对钱伟长老校长饱含崇敬之情的志愿者。本次展览同样沿用了类似的模式，以博物馆社团"博雅思源社"为基础，汇聚了一批考古爱好者，为展览的日常讲解工作提供了巨大的帮助。

从实习学生到志愿者，从实习平台到实践基地，上海大学博物馆形成了多层次学生参与通道，切实履行教育职能的同时，也在一定程度上解决了人员短缺的问题。

## 三、结合学校优势是高校博物馆高质量发展的必由之路

与区域其他博物馆相比，大多数高校博物馆天生存在着藏品不足、空间不足、人员不足、经费不足的劣势，且这样的劣势在短时间内看来难以弥补。可高校博物馆也有着自身得天独厚的优势。高校是高校博物馆最大的宝库，各学科门类可为博物馆提供各类高精尖人才。综合类大学是哺育综合类博物馆的温床。

"三星堆：人与神的世界"特展在策划运营过程中便将学校资源有机结合起来。

首先进行合作的是上海大学上海美术学院，这是一次"惊险"的合作，同样也是结合学校优势的明智之举。传承自刘海粟创办的上海美专的上海美术学院有着悠久的历史和不俗的实力。"三星堆：人与神的世界"特展邀请到上海大学上海美术学院的艺术家们为本次展览量身定制当代艺术品。观众在展厅中看到的所有当代艺术品均为本次展览特别定制，甚至是现场创作的。我们希望通过艺术家的创作，让不同的文化元素在展厅中展开对话，整个展览呈现出传统与当代、历史与现在、东方与西方多层次对话的鲜明特点。在展览时空上，我们没有选择将文物展品和古代艺术品放置在不同的展厅，而是将其并置于同一展厅之中，但为了能够令观众获得多重观展体验，我们在时间上对展览做了区分，创造性地将展览分为两场"对话"。第一场"对话"从展览开幕时起，共持续两个月，通过三星堆遗址与金沙遗址出土文物，表现古蜀先民与其"神灵"的对话，重点展示三星堆遗址的历史信息和文物之美，带领观众领略三星堆神秘的"人与神的世界"；第二场"对话"是在展期过半之际对展览进行提升，当代艺术品在此时替换下部分文物展品，并在展厅中同步增加当代艺术元素，以当代艺术家的视角，与三千年前的古蜀先民开展跨越时空的对话。

此次展览也积极与上海大学历史系展开合作，在历史系教师的大力支持下，举办了博物馆的第一次考古工作坊活动，邀请到文学院的资深考古学家为观众讲解考古发掘的定义、步骤等内容，并带领观众模拟布方过程。与历史系教师的合作弥补了博物馆考古力量的不足。

高校博物馆与校园有着千丝万缕的联系，除正常的博物馆职能之外，本就兼具展示校园文化，建构学校形象的职能。合理利用学校资源，结合学校优势是高校博物馆发展的必由之路，高校博物馆绝不应拘于小小的馆舍之中，而应辐射至整个校园乃至更广阔的天地。

## 四、多渠道推广是高校博物馆高质量发展的有力抓手

"三星堆：人与神的世界"特展开幕于 2020 年 11 月 21 日，疫情使得包括博物馆在内的公共文化机构的开放变得特别谨慎，高校的开放同样受到了影响，本就"养在深闺人未识"的高校博物馆的观众人数更是急转直下。面对这样的情况，上海大学博物馆采取了线上线下多渠道推广的方式全力推广此次展览。

疫情期间，各大中小博物馆积极探索如何向社会公众提供安全便捷的在线服务。对线上空间的开发利用不仅拓宽了博物馆文化服务的形式与范围，也为以高校博物馆为代表的中小型博物馆提供了新的机会。在线下参观人数都受到限制的情况下，线上空间将中小型博物馆和大型博物馆拉到了同一起跑线上，这反倒缩小了高校博物馆和区域其他博物馆的差距。

在线上，上海大学博物馆首先上线了"三星堆：人与神的世界"特展配套"云展览"，初步解决了校外观众无法到场参观的问题，并积极探索"博物馆＋直播"的新模式，先后举办多次博物馆之夜和馆长导览活动，并全部在新华网客户端同步直播。此外，还依托"中国博物馆公开课"（现已更名为"中国 GLAM 公开课"），连续举办线上讲座 5 讲，累计观众人数达 300 万人次。同时，以互联网、电视、报纸等平台为媒介，自主宣传与媒体宣传相结合，积极开展览相关宣传工作，博物馆累计自主发布相关推文 274 篇，全网关于校博物馆的新闻报道 935 篇，包括中央级、省部级主流媒体报道 158 次，报道媒体 208 家。

在线下，上海大学博物馆也进行了多方探索。鉴于观众难以走进高校参观展览，便想方设法让"三星堆：人与神的世界"特展走出高校。先后在陆家嘴东昌社区、大沽路市政大厦举办了两场线下图片展，主动送展到观众家门口和工作地。除了在博物馆做讲座，在线上做讲座，还深入其他高校、机关举办讲座活动，有效拓展展览的社会影响。

通过这一系列手段，"三星堆：人与神的世界"特展曝光度大大增加、同样重要的是，通过这些尝试，上海大学博物馆的宣传能力得到了极大的锻炼，为后续工作的开展积累了丰富的经验。

# 结语

2021年5月18日,在第45个国际博物馆日,"三星堆:人与神的世界"特展被上海市文物局授予"2020年度上海市博物馆陈列展览精品推介奖"。这是对该展览的肯定,也是对我们工作的巨大激励。

目前,国内已经有三百余家高校成立了博物馆,高校博物馆这一历史悠久却又欠缺经验的行业正在蓬勃发展。上海大学博物馆在这发展的浪潮中如一叶扁舟,正乘风破浪,不断探寻着自身前进的方向。我们将继续以举办高品质展览为抓手,不断推动博物馆各项业务水平全面提升,探索出一条可复制、可推广的高校博物馆发展之道。

# 附录

APPENDIX

# 一、"三星堆：人与神的世界"特展展出文物清单

| 序号 | 1 | 2 | 3 | 4 | 5 | 6 | 7 | 8 |
|---|---|---|---|---|---|---|---|---|
| 名称 | 铜戴冠纵目面具 | 铜人面具 | 铜眼形器 | 铜人头像 | 戴金面罩青铜人头像 | 铜兽首冠人像 | 铜顶尊跪坐人像 | 玉璋 |
| 质地 | 铜 | 铜 | 铜 | 铜 | 铜、金 | 铜 | 铜 | |
| 时代 | 商 | | | | | | | |
| 来源 | 二号祭祀坑 | | | | | | | 一号祭祀坑 |
| 出土年代 | 1986 | | | | | | | |
| 尺寸（厘米）| 长 77.4<br>宽 55<br>高 82.5<br>面具高 1.5 | 长 42.5<br>宽 26<br>高 25.9 | 长 57.5<br>宽 24<br>高 5.7<br>厚 0.25 | 长 18.8<br>宽 15.8<br>高 39.5 | 高 51.6<br>长 23<br>宽 19.6<br>头纵径 17.6<br>横径 15 | 高 40.2<br>长 23.3<br>宽 20 | 高 15.8<br>底座直径 10 | 长 43.2<br>宽 8.9<br>厚 0.8 |
| 数量 | 1 | | | | | | | |
| 收藏单位 | 四川广汉三星堆博物馆 | | | | | | | |

| 9 | 10 | 11 | 12 | 13 | 14 | 15 | 16 |
|---|---|---|---|---|---|---|---|
| 玉戈 | 玉凿 | 石璧 | 铜瑗 | 铜兽面 | 铜扇贝形挂饰 | 铜铃 | 太阳神鸟金饰 |
| 玉、石 | | | 铜 | | | | 金 |
| 商 | | | | | | | 商代晚期至西周 |
| 二号祭祀坑 | | 仓包包祭祀坑 | 一号祭祀坑 | 二号祭祀坑 | | | 祭祀区 |
| 1986 | | 1987 | | 1986 | | | 2001 |
| 33.8<br>8.5<br>0.6 | 长 19.4<br>宽 1.9<br>厚 1.3 | 直径 13<br>孔径 5.7<br>厚 1.1 | 直径 11.5<br>孔径 7.5<br>厚 1.8 | 高 19.1<br>宽 29.6<br>厚 0.5 | 高 8.7<br>宽 8.8<br>厚 1.2 | 高 9.4<br>宽 6.9<br>厚 3 | 外径 2.5<br>内径 5.29<br>厚 0.02<br>重 24.619 克 |
| | | | 1 | | | | |
| 四川广汉<br>三星堆博物馆 | | | | | | | 成都<br>金沙遗址<br>博物馆 |

## 二、"三星堆：人与神的世界"特展展出当代艺术品清单

| 序号 | 名称 | 表现方式 | 创作时间 | 创作者 | 尺寸(厘米) | 数量 | 图片 |
|---|---|---|---|---|---|---|---|
| 1 | 三星堆·穿越 | 影像 | 2021 | 宋刚 | 无 | 1 | |
| 2 | 极光 | | | 柴文涛 | 无 | | |
| 3 | 三星堆·奔跑 | | | 吴松 | 无 | | |
| 4 | 菱形双眼 | 瓦楞彩纸 | | 梁海声 | 长31 宽18 高21 | 3 | |
| 5 | 凹眼面具 | | | | 长43 宽23 高21 | | |
| 6 | 矗顶神兽 | | | | 长65 宽35 高41 | | |
| 7 | 重塑的世界 | 装置 | | 杨杰夫（老羊） | 尺寸可变 | 1 | |
| 8 | 不可问不可寻 | 综合材料 | | 黄赛峰 | 尺寸可变 | | |
| 9 | 宝藏 | 霓虹灯 | | 刘玥 | 长170 宽120 | | |
| 10 | 辉之神鸟 | 装置 | | | 高200 直径160 | | |

# 后记

2019年，上海大学博物馆新馆建成并投入使用，"海阔·天空：海派文艺的当代遐想""海上明月轻裾随风——江南望族与海派旗袍特展"等基本陈列相继开放，加之此前已建成的上海大学校史馆和钱伟长纪念馆等，上海大学博物馆的基本陈列体系构建已初具规模。与此同时，根据博物馆发展规划，临时展览也有序实施，作为上海大学博物馆正式成立以来首个独立策划举办的出土文物展，"三星堆：人与神的世界"特展在期许与寄托中开始了策划。

本次展览是三星堆展览首次进入中国高校，我们既期待着"三星堆：人与神的世界"特展能为上海大学考古文保学科发展助一臂之力，又能为全校师生呈上一个精彩的展览，因此各项筹备工作精益求精。直到展览开幕的前夜，全体同事依旧在展厅里忙碌，调试灯光照明效果，优化展品放置角度，精心擦拭展柜玻璃。最后大家一起坐在为开幕式搭建的舞台边缘，听馆长为大家打气加油。如今想来，当初种种依旧历历在目。

全仗多方支持，共同努力，"三星堆：人与神的世界"特展得以与观众见面。展览的举办得到了上海大学、四川省文化和旅游厅、四川省文物局的全程指导，四川广汉三星堆博物馆、成都金沙遗址博物馆在展览策划和展品组织过程中给予了全力支持，在此谨致以深深谢意。此次展览不仅体现了三星堆古蜀先民与长江下游三千年前的文化交流，更是当代沪川两地文博人精诚合作的真实写照。君住长江头，我住长江尾，时间流转数千年，我们共饮长江水。

在展览筹备过程中，上海大学党委副书记段勇、四川省文物局副局长李蓓、三星堆博物馆名誉馆长、三星堆研究院院长肖先进、四川省文物局博物馆处处长段炳刚、时任三星堆管委会副主任、三星堆博物馆常务副馆长朱家可，金沙遗址博物馆馆长朱章义、副馆长王方，三星堆博物馆副馆长朱亚蓉，成都博物馆艺术总监范犁、策划研究部主任魏敏，三星堆博物馆陈列保管部部长余健，中共一大纪念馆副馆长阮竣，上海大学上海美术学院副教授郭新、李谦升等川沪两地领导、专家，就展览主题定位、内容策划、展品遴选、形式设计等关键环节对策展团队进行了卓有成效的指导；三星堆博物馆公众服务部社教主管邹鹏、谭本均、刘毓，金沙遗址博物馆文物保护与修复中心副主任刘珂为展品组织与布撤展提供了专业支持。柴文涛、黄赛峰、老羊、梁海声、刘玥、宋刚、吴松等参展艺术家的当代艺术作品丰富了展览维度，为展览增色不少。上海大学宣传部、财务处、采招办、信息办、文学院、美术学院、学工部、图书馆、出版社等部门，以及四川了梵文博科技发展有限公司对展览助力颇多，为如期开展提供了强有力保障。上海浦东陆家嘴东昌新村居委会书记曹骏、居民陈兴国以及社区枢纽站创始人王南溟、陆家嘴社区公益基金会秘书长张佳华为展览进社区提供了帮助。上海大学文学院历史系2020级文博专业博物馆方向的硕士研究生杜越、顾梦岚、胡海洋、黄倩、李姿、王刘苏粤、王秀玉、于佳明全程参与了展览策划实施和传播推广等重要环节。同学们的参与，不仅为此次展览增添活力，同样也是上海大学博物馆作为高校博物馆实现自身职能的重要一环，是上海大学博物馆培养未来博物馆策展人的行动与实践。在此表示感谢。

要特别鸣谢的是，四川省文化和旅游厅副厅长、省文物局局长王毅，上海大学校长刘昌胜，中国文化新经济发展基金管理委员会主任赵迪，上海大学党委副书记段勇，上海市文物局博物馆处处长施彤，宜宾市委常委、宣传部部长李静，上海大学文化新经济研究院副院长王红光，时任三星堆管委会副主任、三星堆博物馆常务副馆长朱家可，上海大学博物馆理事会理事长袁俊卿等领导、专家莅临展览开幕式现场，精心指导合作项目的整体推动。旧金山亚洲艺术博物馆馆长许杰、四川省文物考古研究院原副院长陈显丹、三星堆博物馆公众服务部社教主管邹鹏、上海大学经济学院教师林志强、上海大学文学院副教授曹峻等校内外专家的参与，令展览的学术讲座、教育活动得以顺利开展，广受好评。

在展览策划和举办近一年后，我们基于一年来的工作实践与心得，在校领导的大力支持下，展览图录得以出版。本图录的主体内容源自"三星堆：人与神的世界"特展，同时增加了展览配套举办的活动和三星堆遗址最新的考古发现，并收录了与展览相关的五篇研究文章。

在书稿编撰过程中，同样得到了各方的支持与帮助。感谢段勇、李明斌、朱亚蓉拨冗作序，许杰、陈显丹、唐飞、李明斌、马琳、梅海涛等分享研究心得，承蒙唐飞院长惠允本图录使用三号祭祀坑部分文物出土时的照片，令图录增色。《青铜为记：商周时期秦岭南北的文化交流》《三星堆青铜器线绘与拓片》等珠玉在前，给予本图录借鉴、启发良多。此外，同时还要感谢魏敏、余嘉（三星堆祭祀区新一轮考古发掘特约摄影师）、余健、徐斐宏（上海大学文学院教师、三号坑发掘现场负责人）等专家在书稿编撰过程中提出诸多中肯意见和帮助，使编撰工作效率倍增。感谢周颖女士及李中果、刘强等编辑老师斧正，让本书更加完善。

最后，将时间拉回到一年前的冬季。展览策划肇始，正值三星堆新发现祭祀坑启动发掘。上海大学文学院与博物馆的同仁们共赴广汉，具体落实上海大学考古文保学科参与三星堆祭祀区考古发掘与展览筹备等工作。当时的我们期待神秘的三星堆遗址能给世人带来新的惊喜，也希望本次展览能办出新意，以飨沪上观众。经过一年多的努力，上述目标都实现了。

受限于展厅面积、人员配置等诸多方面的因素，此次"三星堆：人与神的世界"特展在规模上或许无法与区域其他博物馆相媲美。但我们希望上海大学博物馆能够以此次展览为起点，在更多领域和方向进行探索，走出一条独具特色又能够推广复制的高校博物馆发展之道。

本书由段勇策划、指导，李明斌统筹，梅海涛执笔。在本书即将付梓之际，谨向关心和支持展览筹备、图书编辑的所有人致以衷心的感谢！由于编写时间仓促，错漏之处，还望各位方家不吝赐教，予以指正。

本书编写组

2021 年 11 月 21 日

"三星堆：人与神的世界"特展举办一周年之际于泮池之滨

# "三星堆：人与神的

## 2020

### 9月8日
四川省文物局与上海大学签署合作协议（左起：段勇、王毅）

### 11月20日
布展现场

### 11月21日
开幕式现场（一排左起：朱家可、施彤、李静、赵迪、刘昌胜、王毅、段勇、王红光、李明斌、袁俊卿）

开幕式直播连线三星堆新发现祭祀坑考古现场

# 世界"特展大事记

## 2021

### 11月27日
特展首场社教活动,美育工作坊:从课堂走向"殿堂"活动现场

### 1月24日
"古蜀王国:三星堆"讲座直播

### 3月25日
上海大学博物馆工作人员在四川广汉三星堆博物馆交还借展展品

### 5月18日
特展获评2020年度上海市博物馆陈列展览精品推介奖

图书在版编目（CIP）数据

三星堆：人与神的世界 / 上海大学博物馆编 . -- 上海：上海大学出版社, 2022.10（2023.3 重印）
ISBN 978-7-5671-4322-7

Ⅰ. ①三… Ⅱ. ①上… Ⅲ. ①三星堆遗址—出土文物—图录 Ⅳ. ① K878.02

中国版本图书馆 CIP 数据核字 (2022) 第 184861 号

**三星堆**
人与神的世界

SANXINGDUI REN YU SHEN DE SHIJIE

上海大学博物馆 编

责任编辑：刘　强

技术编辑：金　鑫　钱宇坤

书籍设计：李中果　严小华

出版发行：上海大学出版社
社　　址：上海市上大路 99 号
邮政编码：200444
网　　址：www.shupress.cn
发行热线：021-6613 5112
出 版 人：戴骏豪

印　　刷：上海邦达彩色包装印务有限公司
经　　销：各地新华书店
开　　本：889mm×1194mm 1/16
印　　张：13.25
字　　数：210 千字
版　　次：2022 年 10 月第 1 版
印　　次：2023 年 3 月第 2 次印刷
书　　号：978-7-5671-4322-7/K · 254
定　　价：398.00 元

版权所有　侵权必究
如发现本书有印装质量问题请与印刷厂质量科联系
联系电话：021-5681 3966